Llawlyfr Adolygu ar gyfer Mathemateg TGAU

HAEN UWCH

Emily Thomas.

Golygwyd gan Richard Parsons

Y fersiwn Saesneg:
Revision Guide for G.C.S.E. Mathematics – Higher Level (Third Edition)

© 1996 Richard Parsons
Cyhoeddwyd gan:
The Mathematics Coordination Group,
Kirkby-in-Furness,
Cumbria,
LA17 7WZ

Yr addasiad Cymraeg:
(h) Awdurdod Cymwysterau, Cwricwlwm ac Asesu Cymru 1999

Cyhoeddwyd gan:
Y Ganolfan Astudiaethau Addysg
Prifysgol Cymru
Yr Hen Goleg
Aberystwyth
Ceredigion
SY23 2AX

ISBN 1 85644 397 3

Paratowyd yr addasiad Cymraeg gan Ffion Kervegant, Marian B. Hughes a Dafydd Kirkman

Golygwyd gan Marian B. Hughes a Dafydd Kirkman

Dylunwyd gan Richard Huw Pritchard

Argraffwyd gan Argraffwyr Cambria, Aberystwyth

Cydnabyddiaethau:
Ein diolch cywiraf i
Rhiannon Bill, Ysgol Gyfun Llanhari a
Dylan Davies, Ysgol Maes Garmon, Yr Wyddgrug
am fwrw golwg dros y deunydd ar ran ACCAC.

Cynnwys

Adran 1

Lluosrifau, Ffactorau a Ffactorau Cysefin

Lluosrifau

Yn syml, **LLUOSRIFAU** rhif yw ei **DABL LLUOSI**

E.e. **lluosrifau 13** yw   13   26   39   52   65   78   91   104   ...

Ffactorau

FFACTORAU rhif yw'r holl rifau sy'n **RHANNU'N UNION I MEWN IDDO**. Mae ffordd arbennig o ddod o hyd iddynt:

E.e. darganfyddwch HOLL ffactorau 24

Dechreuwch gyda 1 × y rhif ei hun, yna cynigiwch 2 ×, yna 3 ×, ac yn y blaen, gan restru'r parau mewn rhesi fel hyn. Cynigiwch bob un yn ei dro a rhowch farc (−) os nad yw'n rhannu'n union. Yn y diwedd, pan gewch rif sy'n cael ei **ailadrodd, stopiwch**.

1×24
2×12
3×8
4×6
$5 \times -$
6×4

Cynyddu o 1 bob tro

Felly FFACTORAU 24 yw 1, 2, 3, 4, 6, 8, 12, 24

Mae'r dull hwn yn sicrhau eich bod yn eu darganfod **i gyd**.   Peidiwch ag anghofio 1 a 24!

Enghraifft 2

Darganfyddwch ffactorau 64

Gwiriwch bob rhif yn ei dro, er mwyn gweld a yw'n rhannu'n union ai peidio. Defnyddiwch eich cyfrifiannell os nad ydych yn hollol sicr.

1×64
2×32
$3 \times -$
4×16
$5 \times -$
$6 \times -$
$7 \times -$
8×8

Felly FFACTORAU 64 yw 1, 2, 4, 8, 16, 32, 64

Mae 8 yn cael ei ailadrodd, felly **stopiwch** yma.

Darganfod Ffactorau Cysefin – Y Goeden Ffactorau

Gellir hollti unrhyw rif yn **nifer o RIFAU CYSEFIN wedi eu lluosi â'i gilydd**. Dyma beth yw "**mynegi rhif fel lluoswm ei ffactorau cysefin**".

"**Dull y Goeden Ffactorau**", sy'n eithaf difyr, yw'r gorau, ac yma rydych yn dechrau ar y top ac yn hollti eich rhifau yn ffactorau fel y dangosir. Bob tro y byddwch yn cael rhif cysefin rydych yn rhoi cylch o'i gwmpas. Yn y diwedd bydd gennych yr holl ffactorau cysefin, ac yna gallwch eu gosod mewn trefn.

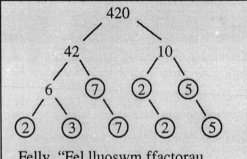

Felly, "Fel lluoswm ffactorau cysefin", $420 = 2 \times 2 \times 3 \times 5 \times 7$

Y Prawf Hollbwysig

DYSGWCH beth yw **Lluosrifau, Ffactorau** a **Ffactorau Cysefin**, A SUT I'W DARGANFOD. **Cuddiwch y tudalen ac ysgrifennu hyn.**

Yna ceisiwch wneud y canlynol **heb gymorth nodiadau**:

1) Gwnewch restr o 10 lluosrif cyntaf 7 a 9. Beth yw eu Lluosrif Cyffredin Lleiaf (Ll.C.Ll.)?
2) Gwnewch restr o **holl** ffactorau 36 ac 84. Beth yw eu Ffactor Cyffredin Mwyaf (Ff.C.M.)?
3) Mynegwch y canlynol fel lluoswm eu ffactorau cysefin: **a)** 990 **b)** 160.

Mathau o Rifau

1) RHIFAU SGWÂR

(1×1) (2×2) (3×3) (4×4) (5×5) (6×6) (7×7) (8×8) (9×9) (10×10) (11×11) (12×12)

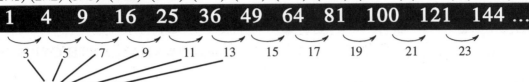

| 1 | 4 | 9 | 16 | 25 | 36 | 49 | 64 | 81 | 100 | 121 | 144 ... |

3   5   7   9   11   13   15   17   19   21   23

Mae'r **GWAHANIAETHAU** rhwng y **rhifau sgwâr** i gyd yn ODRIFAU.

2) RHIFAU CIWB:

| 1 | 8 | 27 | 64 | 125 | 216 | 343 | 512 | 729 | 1000 ... |

Maent yn cael eu galw yn **RHIFAU CIWB** oherwydd eu bod yn rhoi cyfaint y ciwbiau yn y patrwm hwn:

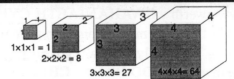

$1×1×1 = 1$
$2×2×2 = 8$
$3×3×3 = 27$
$4×4×4 = 64$

3) RHIFAU TRIONGL:

I gofio'r rhifau triongl rhaid i chi ddarlunio'r **patrwm cynyddol hwn o drionglau** yn eich meddwl, lle mae pob rhes newydd yn cynnwys **un smotyn yn fwy** na'r rhes o'i blaen.

| 1 | 3 | 6 | 10 | 15 | 21 | 28 | 36 | 45 | 55... |

2   3   4   5   6   7   8   9   10   11   12

Mae'n werth dysgu'r **patrwm hwn o wahaniaethau syml**, yn ogystal â'r fformwla ar gyfer yr **n**fed term (gweler t. 4), sef:

$$n\text{fed term} = \tfrac{1}{2}n(n + 1)$$

4) RHIFAU CYSEFIN:

| 2 | 3 | 5 | 7 | 11 | 13 | 17 | 19 | 23 | 29 | 31 | 37 | 41 | 43 ... |

Ni ellir rhannu RHIF CYSEFIN yn union ag unrhyw rif ac eithrio ag 1 a'r rhif ei hun.   (NID yw 1 yn rhif cysefin)

Sut i Ddarganfod Rhifau Cysefin:

1) Ac eithrio 2 a 5, **MAE POB RHIF CYSEFIN YN DIWEDDU AG 1, 3, 7 NEU 9**, felly mae'r canlynol yn rhifau cysefin posibl: 71, 73, 77, 79, ... 101, 103, 107, 109 ... 241, 243, 247, 249 ... etc

2) Yr unig rifau fydd rhaid i chi wirio eu bod yn ffactorau posibl yw:

   3, 7, 11, 13, 17, 19, 23, 29 ... etc   (h.y. yr holl rifau cysefin ac eithrio 2 a 5).

3) Ond dim ond y rhai **HYD AT AIL ISRADD Y RHIF DAN SYLW** sydd raid i chi eu gwirio.
   E.e. er mwyn darganfod a yw 233 yn rhif cysefin:

   $\sqrt{233} = 15.264$ felly dim ond 3, 7, 11 a 13 sydd yn rhaid i chi eu gwirio.
   Os nad oes yr un o'r rhain yn rhannu'n union i mewn i 233, yna mae'n rhif cysefin.

Y Prawf Hollbwysig

DYSGWCH Y TUDALEN HWN. Yna **cuddiwch y tudalen** ac **ysgrifennwch** y manylion pwysig.

1) Ysgrifennwch fynegiad ar gyfer **n**fed term y tri dilyniant cyntaf ar y tudalen hwn.
2) Darganfyddwch yr holl rifau cysefin rhwng **a)** 100 a 110 **b)** 200 a 210 **c)** 500 a 510

4

Darganfod yr *n*fed Term

Fformwla sy'n cynnwys "*n*" ac sy'n rhoi pob term mewn dilyniant pan fyddwch yn rhoi gwahanol werthoedd *n* ynddi yw'r "*n*fed term". Mae dau fath gwahanol o ddilyniant (ar gyfer cwestiynau "*n*fed term") a rhaid eu trin mewn gwahanol ffyrdd:

Gwahaniaeth Cyffredin: "*gn* + (*a* – *g*)"

Ar gyfer unrhyw ddilyniant megis 3, 7, 11, 15, lle mae **GWAHANIAETH CYFFREDIN**

$$\underset{4}{\curvearrowright} \underset{4}{\curvearrowright} \underset{4}{\curvearrowright}$$

gallwch ddarganfod yr *n*fed term bob amser drwy ddefnyddio'r **FFORMWLA** $\boxed{gn + (a - g)}$

Peidiwch ag anghofio:

1) "*a*" yw gwerth y **TERM CYNTAF** yn y dilyniant.
2) "*g*" yw gwerth y **GWAHANIAETH CYFFREDIN** rhwng y termau.
3) I gael yr "*n*fed term", yr unig beth sydd raid ei wneud yw **darganfod gwerthoedd "*a*" a "*g*" yn y dilyniant a'u gosod yn y fformwla**. Mae *n* yn aros fel y mae.
4) — wrth gwrs **BYDD RAID I CHI DDYSGU'R FFORMWLA.**

Enghraifft: "Darganfyddwch *n*fed term y dilyniant: 5, 8, 11, 14 ...."

ATEB:
1) Y fformwla yw $gn + (a - g)$
2) Y **term cyntaf** yw 5, felly $a = 5$ Y **gwahaniaeth cyffredin** yw 3, felly $g = 3$
3) Mae gosod y rhain yn y fformwla yn rhoi: $3n + (5 - 3) = 3n + 2$

felly'r **_n_fed term yw $3n + 2$**

Gwahaniaeth sy'n Newid:

"*a* + (*n* – 1)*g* + ½(*n* – 1)(*n* – 2)*C*"

Os yw'r dilyniant rhif yn un lle mae'r gwahaniaeth rhwng y termau yn **cynyddu** neu yn **lleihau**, yna mae pethau'n llawer mwy cymhleth (mae'r fformwla uchod yn dangos hyn – a bydd raid i chi ei dysgu!). Yn yr achos hwn mae angen newid TAIR llythyren:

"*a*" yw'r **TERM CYNTAF**
"*g*" yw'r **GWAHANIAETH CYNTAF** (rhwng y ddau rif cyntaf)
"*C*" yw'r **CYNNYDD RHWNG UN GWAHANIAETH A'R NESAF**

Enghraifft: "Darganfyddwch *n*fed term y dilyniant: 2, 5, 9, 14 ...."

$$\underset{3}{\curvearrowright} \underset{4}{\curvearrowright} \underset{5}{\curvearrowright}$$

ATEB:
1) Y fformwla yw "$a + (n - 1)g + \frac{1}{2}(n - 1)(n - 2)C$"
2) Y **term cyntaf** yw 2, felly $a = 2$ Y **gwahaniaeth cyntaf** yw 3, felly $g = 3$
3) Mae'r **gwahaniaeth yn cynyddu** 1 bob tro, felly $C = +1$.

Mae gosod y rhain yn y fformwla yn rhoi: "$2 + (n - 1)3 + \frac{1}{2}(n - 1)(n - 2) \times 1$"
sef: $2 + 3n - 3 + \frac{1}{2}n^2 - 1\frac{1}{2}n + 1$
Gellir symleiddio hyn yn: $\frac{1}{2}n^2 + 1\frac{1}{2}n = \frac{1}{2}n(n + 3)$ Felly, yr **_n_fed term = $\frac{1}{2}n(n + 3)$**

Y Prawf Hollbwysig

Dysgwch y **diffiniad** o'r *n*fed term a'r **4 cam** ar gyfer dod o hyd iddo, a **DYSGWCH Y FFORMWLA.**

1) Darganfyddwch *n*fed term y dilyniannau canlynol:
   a) 4, 7, 10, 13 .... b) 3, 8, 13, 18 .... c) 1, 3, 6, 10, 15 .... ch) 3, 4, 7, 12 ....

4

Rhifau Cymarebol ac Anghymarebol

Mae pobl gyffredin (fel ni!) yn gweld y maes hwn, sef "Rhifau Cymarebol ac Anghymarebol" yn un rhyfedd iawn. Yn anffodus, mae hwn yn bwnc poblogaidd gan arholwyr ac felly byddwch yn siŵr o gael cwestiwn arno. Y newyddion da, fodd bynnag, yw na chewch chi ddim trafferth o gwbl gyda'r rhain os byddwch yn dysgu'r tudalen yn drylwyr.

RHIFAU CYMAREBOL Mae'r rhan fwyaf o rifau yn gymarebol. Maent bob amser un ai yn:

1) Rhifau cyfan (naill ai positif (+if), neu negatif (–if)) e.e. 4,   -5,   -12
2) Ffracsiynau p/q, lle mae p a q yn rhifau cyfan (+ neu –) e.e. $\frac{1}{4}$, $-\frac{1}{2}$, $\frac{3}{4}$
3) Degolion meidraidd neu ailadroddol, e.e. 0.125   0.3333333333...   0.143143143143...

RHIFAU ANGHYMAREBOL sy'n aflêr!

1) Maent bob amser yn **DDEGOLION DIDDIWEDD NAD YDYNT YN AILADRODD**. Mae π yn rhif anghymarebol.
2) Mae **AIL ISRADDAU A THRYDYDD ISRADDAU** yn ffynonellau da o **RIFAU ANGHYMAREBOL**.

Tair Enghraifft Hynod o Bwysig

1)   **Pa rai o'r rhifau canlynol sy'n GYMAREBOL a pha rai sy'n ANGHYMAREBOL?**

$50^{1/2}$ $25^{1/2}$ $27^{1/3}$ $\sqrt{2}$ $4\sqrt{2}$ π $\sqrt[5]{64}$ $\sqrt{4\frac{1}{4}}$ $\sqrt{6\frac{1}{4}}$ $\sqrt{\frac{7}{9}}$ $\frac{1}{3}+\sqrt{3}$ $(\frac{1}{5}\sqrt{5})^2$

Mae'r dull ar gyfer y math hwn o gwestiwn yn un hynod o syml:

1) **DEFNYDDIWCH EICH CYFRIFIANNELL** i gyfrifo pob un ohonynt fel degolyn
2) Chwiliwch am ddegolion **CYLCHOL** neu **ANGHYLCHOL** fel **PENDERFYNWYR**.

Os ydych yn gallu defnyddio'ch cyfrifiannell yn eithaf didrafferth, byddwch yn gallu troi'r rhain yn ddegolion yn eithaf rhwydd ac yna yn gweld a ydynt yn **ddegolion anghylchol** (anghymarebol) neu **fel arall** (cymarebol). Bydd yn rhaid i chi wybod sut mae mewnbynnu FFRACSIYNAU (t. 6) a sut i gael PWERAU AC ISRADDAU (t. 9). Mae hyn yn waith **HAWDD IAWN**, ond gwnewch yn siŵr eich bod yn ei **DDYSGU** (CYN yr arholiad!).

2)   **Darganfod rhif anghymarebol rhwng 6 a 10**

Gan mai **ail israddau yw ein prif ffynhonnell o rifau anghymarebol**, efallai y byddwch yn defnyddio $\sqrt{7}$ neu $\sqrt{8}$. Er bod y ddau yma'n sicr yn **anghymarebol** ..... **nid ydynt** rhwng 6 a 10, oherwydd bod $\sqrt{7}$ = 2.645... ac $\sqrt{8}$ = 2.828...   Bydd rhywbeth fel $\sqrt{40}$ yn nes ati.

Gan fod 6^2 = 36 a 10^2 = 100, mae $\sqrt{37}$, $\sqrt{38}$, $\sqrt{39}$, ... $\sqrt{97}$, $\sqrt{98}$, $\sqrt{99}$ yn atebion posibl. Mae gan y rhain i gyd werthoedd anghymarebol rhwng 6 a 10, felly gallai'r rhain i gyd fod yn atebion (ac eithrio $\sqrt{49}$, $\sqrt{64}$ neu $\sqrt{81}$ – pam?)

3)   **Weithiau mae'n bosibl y cewch gwestiwn anodd sy'n cynnwys llythrennau:**

E.e. os yw p yn gymarebol a q yn anghymarebol, dywedwch a yw'r canlynol yn gymarebol neu yn anghymarebol:

    a) $p + q$ **b)** pq

DULL: Arbrofwch gan ddefnyddio cyfrifiannell. Defnyddiwch $p = 2$ a $q = \sqrt{2}$ **a rhowch gynnig arni!** Pa fath o atebion ydych yn ei geisio? – **DEGOLION NAD YDYNT YN AILADRODD**, wrth gwrs.

Y Prawf Hollbwysig

DYSGWCH ddiffiniadau **rhifau cymarebol ac anghymarebol a holl fanylion y 3 enghraifft**. Yna cuddiwch y tudalen ac ysgrifennwch yr holl fanylion.

1)   Atebwch Enghraifft 1 yn llawn   **2)**   Rhowch dri rhif anghymarebol rhwng 30 a 40.

Ffracsiynau

Y Botwm Ffracsiwn: (aᵇ/c)

Defnyddiwch hwn gymaint ag sydd bosibl yn yr arholiad. Mae'n ddefnyddiol iawn, felly gwnewch yn siŵr eich bod yn gwybod sut i'w ddefnyddio – gallwch golli nifer o farciau os na wnewch chi:

1) I fewnbynnu $^1/_4$ pwyswch [1] [aᵇ/c] [4]

2) I fewnbynnu $1^3/_5$ pwyswch [1] [aᵇ/c] [3] [aᵇ/c] [5]

3) I gyfrifo $^1/_5 \times ^3/_4$ pwyswch [1] [aᵇ/c] [5] [×] [3] [aᵇ/c] [4] [=]

4) I **ganslo ffracsiwn i'w dermau isaf** mewnbynnwch y ffracsiwn a phwyswch [=]

   e.e. $^9/_{12}$, [9] [aᵇ/c] [12] [=] **3 ⌐ 4** $= ^3/_4$

5) I drawsnewid rhifau **cymysg** yn ffracsiynau **pendrwm,** pwyswch (SHIFT)(aᵇ/c)

   e.e. $2^3/_8$ [2] [aᵇ/c] [3] [aᵇ/c] [8] (SHIFT)(aᵇ/c) sy'n rhoi $^{19}/_8$

Gwneud y Gwaith ar Bapur:

Os yw'n bosibl, defnyddiwch eich cyfrifiannell i wneud ffracsiynau yn yr arholiad. Ond cofiwch, efallai y bydd raid i chi wneud ffracsiynau "ar bapur", felly dysgwch y 4 rheol sylfaenol hyn:

1) **Lluosi – hawdd**
   Lluoswch y top a'r gwaelod ar wahân:
   $$^3/_5 \times ^4/_7 = ^{3\times4}/_{5\times7} = ^{12}/_{35}$$

2) **Rhannu – eithaf hawdd**
   Trowch yr **2il ffracsiwn â'i ben i lawr** ac yna **lluosi:**
   $$^3/_4 \div ^1/_3 = ^3/_4 \times ^3/_1 = ^{3\times3}/_{4\times1} = ^9/_4$$

3) **Canslo – hawdd**
   Rhannwch y top a'r gwaelod â'r un rhif, hyd nes nad yw'n bosibl rhannu dim pellach:
   $$^{12}/_{16} = ^6/_8 = ^3/_4$$

4) **Adio, tynnu – llawn peryglon**
   (i) Yn gyntaf ceisiwch gael y rhifau gwaelod yr un fath (chwiliwch am "enwadur cyffredin")
   $$\text{E.e.} \quad \frac{2}{3} + \frac{1}{5} = \frac{2 \times 5}{3 \times 5} + \frac{1 \times 3}{5 \times 3} = \frac{10}{15} + \frac{3}{15}$$
   (lluoswch dop a gwaelod pob ffracsiwn â'r un rhif, ond rhif gwahanol i bob ffracsiwn)
   (ii) **Adiwch neu tynnwch Y RHIFAU TOP YN UNIG** ond dim ond os yw'r rhifau gwaelod yr un fath.
   $$\text{e.e.} \quad ^{10}/_{15} + ^3/_{15} = ^{13}/_{15} \quad \text{neu} \quad ^2/_6 + ^1/_6 = ^3/_6 \quad \text{neu} \quad ^5/_7 - ^3/_7 = ^2/_7$$

Y Prawf Hollbwysig

DYSGWCH 5 nodwedd y Botwm Ffracsiwn a'r 4 Dull ar Bapur. Yna cuddiwch y tudalen ac ysgrifennwch nhw.

1) **DEFNYDDIWCH EICH CYFRIFIANNELL: a)** $1/2 \times 3/4$ **b)** $3/5 \div 2/9$ **c)** $1/3 + 2/5$
   ch) Darganfyddwch x: $2^3/_5 = ^x/_5$ **d)** Darganfyddwch y: $^{14}/_{98} = ^y/_7$

2) Gwnewch y canlynol **AR BAPUR: a)** $2/3 \times 4/5$ **b)** $4/5 \div 3/10$ **c)** $5/8 - 2/6$
   ch) Mynegwch 36/84 yn ei ffurf symlaf. **d)** $3^1/_2 - 2^3/_4$ **dd)** $2^1/_3 \times 3^1/_5$ **e)** $2^3/_5 \div 1^1/_{10}$

Degolion Cylchol a Syrdiau

Mae'r ddau dopig hyn yn perthyn i rifau cymarebol ac anghymarebol.

Newid Degolion Cylchol yn Ffracsiynau

Fel y cofiwch, **RHIFAU CYMAREBOL** yw **DEGOLION CYLCHOL** felly dylech allu eu newid yn **FFRACSIYNAU**, h.y. *a/b* lle mae *a* a *b* yn rhifau cyfan.

Mae hyn yn hawdd os dysgwch reolau syml, a bydd yn werth gwneud hyn. Mae dwy ffordd: 1) trwy **DDEALL** a 2) trwy **DDYSGU'R CANLYNIAD**.

Y Dull Deall:

1) Chwiliwch am y dilyniant sy'n ailadrodd. Lluoswch hwnnw â 10, 100, 1000, 10 000 neu beth bynnag sydd ei angen i symud **un bloc cyfan sy'n ailadrodd** heibio'r pwynt degol.

E.e. $0.234234234... \times 1000 = 234.234234...$

2) Tynnwch y rhif gwreiddiol *r* o'r rhif newydd (sydd yn yr achos hwn yn 1000*r*)
h.y. $1000r - r = 234.234234... - 0.234234...$
sy'n rhoi: $999r = 234$

3) Yna **RHANNWCH** i gael *r*: $r = \dfrac{234}{999}$, a chanslo os yw'n bosibl: $r = \dfrac{26}{111}$

Y Dull Dysgu'r Canlyniad:

Mae'r bloc sy'n ailadrodd bob amser ar dop y ffracsiwn. Bydd sawl naw sydd ar waelod y ffracsiwn yr un nifer ag sydd o rifau yn y bloc sy'n ailadrodd. Byddwch yn rhyfeddu at y rhain:

$0.4444444 = 4/9$ $0.34343434 = 34/99$
$0.124124124 = 124/999$ $0.14561456 = 1456/9999$

Cofiwch wirio bob amser i weld a yw yn **CANSLO**, e.e. $0.363636... = 36/99 = 12/33$

Ymdrin â Syrdiau

Syrdiau yw mynegiadau ag ail israddau anghymarebol ynddynt. Dyma reolau syml i'w dysgu:

1) $\sqrt{a} \times \sqrt{b} = \sqrt{ab}$ e.e. $\sqrt{2} \times \sqrt{3} = \sqrt{2 \times 3} = 6$ hefyd $\sqrt{b}^2 = b$, sy'n weddol amlwg

2) $\dfrac{\sqrt{a}}{\sqrt{b}} = \sqrt{\dfrac{a}{b}}$ e.e. $\dfrac{\sqrt{8}}{\sqrt{2}} = \sqrt{\dfrac{8}{2}} = \sqrt{4} = 2$

3) $\sqrt{a} + \sqrt{b}$ — **AMHOSIBL EI SYMLEIDDIO...** (Yn bendant NID yw'n $\sqrt{a+b}$)

4) $(a + \sqrt{b})^2 = (a + \sqrt{b})(a + \sqrt{b}) = a^2 + 2a\sqrt{b} + b$ (NID $a^2 + \sqrt{b}^2$)

5) $(a + \sqrt{b})(a - \sqrt{b}) = a^2 + a\sqrt{b} - a\sqrt{b} - \sqrt{b}^2 = a^2 - b$

6) Mynegwch $\dfrac{3}{\sqrt{5}}$ yn y ffurf $\dfrac{a\sqrt{5}}{b}$ lle mae *a* a *b* yn rhifau cyfan.

I wneud hyn rhaid "**CYMAREBU**'r enwadur", sy'n golygu lluosi'r top a'r gwaelod ag $\sqrt{5}$:

$\dfrac{3}{\sqrt{5}} = \dfrac{3 \times \sqrt{5}}{\sqrt{5} \times \sqrt{5}} = \dfrac{3\sqrt{5}}{5}$ felly mae $a = 3$ a $b = 5$

Y Prawf Hollbwysig

DYSGWCH y **2 ddull** ar gyfer **degolion cylchol** a'r **6 rheol** ar gyfer **ymdrin â syrdiau**.
Cuddiwch y tudalen a'u hysgrifennu.

1) Mynegwch 0.142857142857.... fel ffracsiwn.   2) Symleiddiwch $(1 + \sqrt{2})^2 - (1 - \sqrt{2})^2$

Canrannau

Ni ddylech gael unrhyw drafferthion gyda'r rhan fwyaf o gwestiynau sy'n delio â chanrannau, yn enwedig rhai math 1 a 2. Fodd bynnag, byddwch yn ofalus gyda chwestiynau math 3 a gwnewch yn siŵr eich bod yn gwybod pa ddull i'w ddefnyddio. Gall y geiriau "Newid canrannol" hefyd eich dal os na fyddwch yn sylwi ar yr holl fanylion – defnyddio'r gwerth GWREIDDIOL, er enghraifft.

Math 1   "Darganfyddwch $x\%$ o y" – e.e. darganfyddwch 15% o £46 $\Rightarrow 0.15 \times £46 = $ **£6.90**

Math 2   "Mynegwch x fel canran o y"
e.e. Mynegwch 40c fel canran o £3.34 $\Rightarrow (40/334) \times 100 = $ **12%**

Math 3   – GELLIR ADNABOD HWN GAN NAD YW'N RHOI'R "GWERTH GWREIDDIOL"

Dyma'r math mae'r rhan fwyaf yn ei gael yn anghywir – ond dim ond oherwydd nad ydynt yn sylweddoli mai cwestiynau math 3 ydynt ac felly ddim yn defnyddio'r dull syml canlynol:

Enghraifft: Mae gwerth tŷ yn cynyddu 20% i £72,000. Darganfyddwch ei werth **cyn** y cynnydd.

Dull

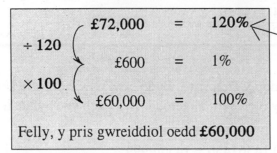

Felly, y pris gwreiddiol oedd **£60,000**

Mae CYNNYDD o 20% yn golygu bod £72,000 yn cynrychioli **120% o'r gwerth gwreiddiol**. Pe bai'n OSTYNGIAD o 20%, yna byddem yn rhoi "£72,000 = **80%**" yn lle hynny, ac yna yn rhannu â 80 ar yr ochr chwith yn hytrach na 120.

Cofiwch osod y gwaith cyfrifo yn union fel y dangosir yn yr enghraifft hon.
Y darn anoddaf yw penderfynu pa un yw'r ffigur % cyntaf ar yr ochr dde – mae'r 2il res a'r 3edd res **bob amser** yn 1% a 100%.

Newid Canrannol

Mae'n arferol dangos **newid mewn gwerth fel canran**. Dyma'r fformwla ar gyfer hyn – **DYSGWCH HI A'I DEFNYDDIO**:

$$\text{"Newid" y Cant} = \frac{\text{"Newid"}}{\text{Gwreiddiol}} \times 100$$

Gall "newid" olygu pob math o bethau megis: "Elw", "Colled", "Arbrisiant", "Dibrisiant", "Cynnydd", "Lleihad", "Cyfeiliornad", "Ad-daliad", "Disgownt", etc. Er enghraifft,

$$\text{"elw" y cant} = \frac{\text{"elw"}}{\text{gwreiddiol}} \times 100$$

Mae'n bwysig iawn defnyddio'r **GWERTH GWREIDDIOL** yn y fformwla hon.

Y Prawf Hollbwysig

DYSGWCH y manylion ar gyfer CWESTIYNAU MATH 3 a NEWID CANRANNOL. Yna **cuddiwch y tudalen ac ysgrifennu'r cyfan**.

1) Mae masnachwr yn prynu watsys am £5 ac yn eu gwerthu am £7. Darganfyddwch beth yw ei elw fel canran.
2) Pris car ar ôl colli 30% o'i werth yw £14,350. Beth oedd ei werth gwreiddiol?
3) Beth yw'r cyfeiliornad y cant wrth dalgrynnu 3.452 i 3.5? Rhowch eich ateb i 2 L.D.

Botymau Cyfrifiannell

Ychydig o bethau mewn bywyd sydd mor ddiflas ag edrych ar rywun yn pwyso botymau cyfrifiannell yn ddidrugaredd, yn gorweithio'r botwm diddymu bob ychydig eiliadau, ond byth yn gwella ei dechneg.

Bydd yr amser (a'r poendod) y byddwch yn ei ARBED trwy ddysgu'r triciau canlynol yn **llawer mwy** na'r ychydig amser y byddwch ei angen i'w dysgu a'u hymarfer.

(Mae'r cyfarwyddiadau hyn yn bennaf ar gyfer cyfrifianellau Casio. Os yw eich cyfrifiannell chi yn wahanol, gofynnwch am gymorth yr athro / athrawes i ddod o hyd i'r botymau.)

1) [C] (LLED-DDIDDYMU) a [AC] (DIDDYMU POPETH)

(Fel arall, gyda [on/c] neu [CE/C] , pwyswch **UNWAITH i led-ddiddymu** a **DWYWAITH i ddiddymu popeth**)

Peidiwch â llithro i'r arfer o bwyso'r botwm [AC] bob tro y bydd pethau'n dechrau mynd o chwith. Mae'r botwm [C] yn **LLAWER** gwell os gwyddoch beth mae'n ei wneud:

YR UNIG RIF MAE'N EI DDIDDYMU YW'R RHIF YR YDYCH YN EI ROI I MEWN.

Mae popeth arall yn aros fel y mae. Os dysgwch sut i ddefnyddio [C] yn lle [AC] ar gyfer cywiro rhifau anghywir, byddwch yn HANERU amser pwyso botymau'r cyfrifiannell!

2) Y Botymau Hunanddiddymu [+] [−] [×] [÷]

Y peth i'w gofio yma yw fod y pedwar botwm hyn yn fotymau **HUNANDDIDDYMU**.

Os pwyswch [+] ac yna [÷] , bydd eich cyfrifiannell yn anwybyddu'r botwm [+] yn llwyr ac yn gweithredu [÷] yn ei le. Felly: **os pwyswch y botwm ffwythiant anghywir, anwybyddwch** hynny, **pwyswch yr un cywir**, ac **ewch ymlaen**.

Gwnewch [7] [+] [÷] [×] [−] [5] [=] i weld pa mor dda mae'n gweithio.

3) Y Botwm Pwerau [xʸ]

Mae'r botwm pwerau ar gyfer darganfod pwerau rhifau, e.e. er mwyn darganfod 6^8 byddech yn pwyso [6] [xʸ] [8] [=] yn hytrach na chyfrifo $6 \times 6 \times$ etc. (Ar lawer o gyfrifianellau dyma ail ffwythiant y botwm [×] , felly byddai'n rhaid i chi bwyso: [6] [SHIFT] [×] [8] [=])

Fodd bynnag mae yna ddau dopig, **PWERAU** (t. 38) a **RHIFAU ANGHYMAREBOL** (t. 5), a fydd yn siŵr o ymddangos yn yr arholiad ac mae'r canlynol yn cynrychioli cwestiynau arholiad nodweddiadol ddiflas yr olwg a allai fod yn **hawdd iawn** os byddwch yn gwybod sut i ddefnyddio'r botwm pwerau.

Penderfynwch pa un ai cymarebol neu anghymarebol yw'r canlynol:

1) $144^{1/2}$ **ATEB:** Pwyswch [144] [√] neu [144] [xʸ] [0.5] [=] sy'n rhoi **12**, sydd yn **gymarebol**.

2) $64^{2/3}$ **ATEB:** Pwyswch [64] [xʸ] [2] [aᵇ/c] [3] [=] sy'n rhoi **16**, sydd hefyd yn **gymarebol**.

3) $80^{-3/4}$ **ATEB:** Pwyswch [80] [xʸ] [3] [aᵇ/c] [4] [⁺/₋] [=] sy'n rhoi **0.037383719...** sy'n rhif nad yw'n cynnwys unrhyw ailadrodd, felly mae'n **anghymarebol**.

4) $\sqrt[5]{6^2/_5}$ **ATEB:** Pwyswch [6] [aᵇ/c] [2] [aᵇ/c] [5] [xʸ] [1] [aᵇ/c] [5] [=] sy'n rhoi **1.449559327** sydd eto yn **anghymarebol**. (Mae pwyso [6.4] [x¹ʸ] [5] [=] yn well, ond nid yw hwn o reidrwydd yn haws i'w gofio – rhaid defnyddio dull y byddwch yn ei gofio)

5) Mynegwch $49^{-1/2}$ fel ffracsiwn yn y ffurf a/b. **ATEB:** Pwyswch [49] [xʸ] [1] [aᵇ/c] [2] [⁺/₋] [=] sy'n rhoi **0.142857142..** Efallai eich bod yn meddwl fod hwn yn anghymarebol ond sylwch ar yr 142 yn cael ei ailadrodd, sy'n awgrymu **y gall fod yn ddegolyn cylchol** ac felly yn **gymarebol**.
Mae'r botwm [¹/ₓ] yn datguddio popeth (gweler t. 10).

Botymau Cyfrifiannell

4) CORLAT a'r Botymau Cromfachau [(--- a ---)]

Un o'r problemau mwyaf wrth ddefnyddio cyfrifiannell yw deall bod y cyfrifiannell bob amser yn gweithio gan ddilyn **trefn arbennig** a grynhoir yn y gair **CORLAT**.

Cromfachau,	O (flaen),	Rhannu,	Lluosi,	Adio,	Tynnu

Mae hyn yn bwysig pan fyddwch eisiau cyfrifo rhywbeth syml fel $\frac{23+45}{64\times3}$ – byddai'n wirion pwyso

[23] [+] [45] [÷] [64] [×] [3] [=] – sydd yn **hollol anghywir**. Byddai'r cyfrifiannell

yn meddwl eich bod yn golygu $23 + \frac{45}{64} \times 3$ oherwydd bydd yn gwneud y **rhannu a'r lluosi** CYN yr **adio**.

Y gyfrinach yw **ANWYBYDDU** trefn awtomatig CORLAT o wneud pethau trwy ddefnyddio'r **BOTYMAU CROMFACHAU**. Cromfachau yw'r flaenoriaeth gyntaf un yn CORLAT, sy'n golygu bod unrhyw beth sydd rhwng y cromfachau yn cael ei gyfrifo cyn i unrhyw beth arall ddigwydd. Felly, y cwbl sydd raid i chi wneud yw

1) Ychwanegu parau o gromfachau i'r mynegiad: $\frac{(23+45)}{(64\times3)}$

2) Yna mewnbynnu popeth: [(--- [23] [+] [45] ---)] [÷] [(--- [64] [×] [3] ---)] [=]

Nid yw'n anodd gwybod ym mhle i osod y cromfachau – gosodwch nhw mewn parau o amgylch pob grŵp o rifau. Does DIM O'I LE mewn cael cromfachau o fewn rhai eraill chwaith. e.e. (4 + (5 ÷ 2)). Fel rheol nid oes dim o'i le mewn gormod o gromfachau, os gofalwch eu gosod bob amser yn barau.

5) Y Botymau Cof [Min] , [MR] (I'r cof ac o'r cof)

Ar rai cyfrifianellau, y botymau cof yw [STO] (storfa) a [RCL] (o'r storfa).

Swyddogaeth y cof yw cadw rhif sydd newydd ei gyfrifo, fel y gellir ei ddefnyddio'n fuan wedyn.

Enghraifft glasurol yw cyfrifo rhywbeth tebyg i $\frac{16}{15+12\sin40}$, a'r peth diogelaf yma yw cyfrifo'r

llinell isaf yn gyntaf a **rhoi'r ateb yn y cof**. Dyma fyddech yn ei bwyso:

[40] [SIN] [=] [×] [12] [=] [+] [15] [=] ac yna [Min] i gadw canlyniad y llinell isaf **yn y cof** ([STO] neu [STO] [M] neu [STO] [1] ar gyfrifianellau nad ydynt yn gyfrifianellau Casio).

> (Sylwch hefyd nad y drefn orau o weithredu bob amser yw'r drefn ysgrifenedig, ac mae pwyso "=" ar ôl pob rhan yn SICRHAU bod y cyfrifiannell yn gwneud yr hyn rydych am iddo ei wneud.)

Yna pwyswch [16] [÷] [MR] , a'r ateb yw 0.7044. Ar ôl ychydig o ymarfer byddwch yn gweld y botymau cof yn rhai defnyddiol iawn ac yn gyflym iawn. (Ar gyfrifianellau nad ydynt yn gyfrifianellau Casio, defnyddir [RCL] neu [RCL] [M] neu [RCL] [1] yn lle [MR].)

Er mwyn **CLIRIO'R** cof, mewnbynnwch y gwerth 0

6) Y Botwm [1/x]

Mae'r botwm hwn yn troi rhifau **â'u pen i lawr** ac mae hyn yn ddefnyddiol i wneud 2 beth:

1) **GWNEUD RHANNU'N HAWS** E.e. os yw 2.3456326 gennych yn barod ar y dangosydd, ac rydych am gyfrifo 12 ÷ 2.3456326, yna gallwch bwyso [÷] [12] [=] [1/x] , sy'n gwneud y rhannu **â'i ben i lawr** ac yna'n ei droi **â'i ben i fyny**!

2) **DADANSODDI DEGOLION** i weld a ydynt yn gymarebol (h.y. rhywbeth hawdd) e.e. os 0.142857142 sydd ar y dangosydd ac yna wrth bwyso [1/x] rydych yn cael 7, roedd yn $1/7$ cyn hynny.

Botymau Cyfrifiannell

7) Y Botwm Ffurf Safonol (EXP) neu (EE)

Yr unig adeg y byddwch yn defnyddio hwn yw wrth fewnbynnu rhifau a ysgrifennwyd yn eu FFURF SAFONOL. Byddai'n llawer haws pe byddai wedi cael ei labelu'n (×10ⁿ) gan mai **dyna ddylech chi ei alw wrth ei bwyso: "Lluosi â deg i'r pŵer .."**. Er enghraifft, er mwyn mewnbynnu 6×10^3 yr unig fotymau i'w pwyso yw (6) (EXP) (3) ac **NID** (6) (×) (10) (EXP) (3) , fel mae llawer yn ei wneud: Mae pwyso × 10 yn ogystal â EXP yn **gamgymeriad mawr**, oherwydd mae'r EXP yn cynnwys "× 10" yn barod. Dyna pam y dylech chi ddweud "Lluosi â 10 i'r pŵer .." wrthoch eich hun bob tro y byddwch yn pwyso'r botwm EXP, er mwyn osgoi'r camgymeriad cyffredin hwn.

I DDARLLEN RHIF FFURF SAFONOL O'R DANGOSYDD:　　E.e. (7.986 ⁰⁵)
Rhaid ysgrifennu hwn fel **7.986 × 10⁵**　(NID 7.986⁵) − Rhaid i **chi** roi'r **× 10ⁿ eich hun.**

8) Trawsnewid Amser yn Oriau, Munudau ac Eiliadau gyda (o , ,,)

Dyma fanylyn anodd sy'n dod i'r golwg pan fyddwch yn astudio buanedd, pellter ac amser: **trawsnewid** ateb megis **2.35 awr** yn **oriau a munudau. Yn sicr nid yw hyn yn golygu** 2 awr a 35 munud − cofiwch **nad yw** cyfrifiannell yn gweithio mewn oriau a munudau **os nad ydych chi'n rhoi cyfarwyddiadau iddo,** fel. isod. Bydd angen i chi ymarfer â'r botwm hwn.

1) **MEWNBYNNU** amser mewn oriau, munudau ac eiliadau a'i drawsnewid yn amser degol, mewn oriau:
E.e. I drawsnewid 5 awr, 34 munud a 23 eiliad, pwyswch 5 (o , ,,) 34 (o , ,,) 23 (o , ,,) .
Bydd y dangosydd yn dangos yr amser fel **5.573** awr − dyma'r **rhif cywir i'w ddefnyddio mewn fformwla gan ei fod yn DDEGOLYN.**

2) **TRAWSNEWID** amser degol (fel a geir mewn fformwla) yn oriau, munudau ac eiliadau:
E.e. I drawsnewid **2.35 awr** yn oriau, munudau ac eiliadau, rhaid i chi bwyso 2.35 (SHIFT) (o , ,,)
a byddwch yn gweld 2° 21° 0 ar y dangosydd, sy'n golygu **2 awr, 21 munud** (a 0 eiliad).

9) Ffwythiannau Ystadegol

1) I fynd **I MEWN** i'r modd ystadegau: Pwyswch (MODE) (?) . (Gall yr ail fotwm fod yn unrhyw fotwm!) Dylech weld STAT neu SD ar y dangosydd i gadarnhau hyn.
2) I fynd **ALLAN** o'r modd ystadegau: Pwyswch (MODE) (0) neu switsiwch y cyfrifiannell i ffwrdd ac ymlaen eto.
3) I **FEWNBYNNU DATA**, mewnbynnwch y rhif a phwyswch (M+) neu (Σ+) .
4) I **DDILEU MEWNBYNIAD**, mewnbynnwch y rhif ac yna pwyswch (M−) neu (Σ−) .
5) I **WIRIO** eich bod wedi mewnbynnu'r holl rifau pwyswch (n) , sydd fel arfer yn ail ffwythiant.
6) I ddarganfod **CYMEDR**, pwyswch (x̄) , sydd fel arfer yn ail ffwythiant.
7) I ddarganfod **GWYRIAD SAFONOL**, σ, pwyswch (σ_n) neu (σ_xn) ond nid (σ_{n-1}) .
8) I **DDILEU'R HOLL DDATA**, pwyswch (SHIFT) (AC) neu adael y modd ystadegau a dod yn ôl i mewn eto.

Y Prawf Hollbwysig

DYSGWCH beth yw pwrpas botymau'r cyfrifiannell.
Cofiwch ymarfer nes gallwch wneud hyn i gyd heb gyfeirio'n ôl.

1) Eglurwch beth mae'r ddau fath gwahanol o ddiddymu yn ei wneud.
2) Eglurwch beth yw swyddogaeth (Min) a (MR) a rhowch enghraifft o'r modd y byddech yn eu defnyddio.
3) Sut fyddech chi'n mewnbynnu **a)** 6^8　**b)** 6×10^8　**c)** $50^{-4/5}$　**ch)** $\sqrt[6]{4^3/_5}$?　　$\dfrac{23.3 + 35.8}{36 \times 26.5}$
4) Nodwch pa fotymau fyddech chi'n eu pwyso er mwyn cyfrifo'r canlynol ar un cynnig:
5) **a)** Sut fyddai 3.4×10^8 yn ymddangos ar y dangosydd?　**b)** Rhowch ddwy ffordd o ddefnyddio (¹/ₓ) .
6) **a)** Trawsnewidiwch 4.57 awr yn oriau a munudau.　**b)** Trawsnewidiwch 5 awr 32 munud a 23 eiliad yn oriau degol.

Ffactorau Trawsnewid

Mae defnyddio Ffactorau Trawsnewid yn ffordd dda iawn o ddelio â phob math o gwestiynau ac mae'r dull yn un hawdd iawn.

Dull

1) Darganfyddwch y **Ffactor Trawsnewid** (bob amser yn hawdd)

2) **Lluoswch A rhannwch â hwn**

3) Dewiswch yr ateb sy'n **gwneud synnwyr**

Tair Enghraifft Bwysig

1) **Trawsnewidiwch 2.55 awr yn funudau.** (NID 2 awr 55 munud yw'r ateb)

1) Ffactor Trawsnewid = **60** (gan fod 1 awr = **60** munud)
2) 2.55 awr × 60 = 153 munud (sy'n gwneud synnwyr)
   2.55 awr ÷ 60 = 0.0425 munud (ateb afresymol!)
3) Felly, yr ateb yn amlwg yw fod 2.55 awr = **153 munud**

2) **Os yw £1 = 7.75 Ffranc Ffrainc, faint yw 47.36 Ffranc mewn £ a cheiniogau?**

1) Mae'n amlwg fod y Ffactor Trawsnewid = **7.75** (y "gyfradd gyfnewid")
2) 47.36 × 7.75 = £367.04
   47.36 ÷ 7.75 = £6.11
3) Y tro hwn nid yw pethau mor amlwg, ond os yw 8 Ffranc = £1 yn fras, yna ni all 47 Ffranc fod yn llawer – yn sicr ni all fod yn £367, felly mae'n rhaid mai **£6.11** yw'r ateb.

3) **Mae graddfa map yn 1:20 000. Pa bellter mae 3 cm ar y map yn ei gynrychioli?**

1) Ffactor Trawsnewid = 20 000
2) 3cm × 20 000 = 60 000cm (yn iawn)
   3cm ÷ 20 000 = 0.00015cm (ddim yn iawn)
3) Felly, **60,000cm** yw'r ateb.
   Sut mae newid hwn yn fetrau?

Trawsnewid 60,000cm yn fetrau:
1) Ff.T. = 100 (cm ⟷ m)
2) 60,000 × 100 = 6,000,000m (tybed?)
   60,000 ÷ 100 = **600m** (sy'n nes ati)
3) Felly, yr ateb yw **600m**

Y Prawf Hollbwysig

DYSGWCH 3 cham y Dull Ffactor Trawsnewid. Yna cuddiwch y tudalen **a'u hysgrifennu**.

1) Trawsnewidiwch 2.3km yn fetrau.
2) Pa un yw'r mwyaf, £34 neu 260 Ffranc Ffrainc? (Y gyfradd gyfnewid = 7.75)
3) Graddfa map yw 2cm = 5km. Hyd ffordd yw 8km. Sawl cm fydd hyn ar y map?
   (Awgrym, Ff.T. = 5 ÷ 2, h.y. 1cm = 2.5km)

Unedau Metrig ac Imperial

Gwnewch yn siŵr eich bod yn eu dysgu'r holl ffeithiau hawdd hyn:

Unedau Metrig

1) **Hyd**	mm, cm, m, km
2) **Arwynebedd**	mm^2, cm^2, m^2, km^2
3) **Cyfaint**	mm^3, cm^3, m^3,
	litrau, ml
4) **Pwysau**	g, kg, tunelli metrig
5) **Buanedd**	km/a, m/s

DYSGWCH Y RHAIN:

1cm = 10mm	1 dunnell fetrig = 1000kg
1m = 100cm	1 litr = 1000ml
1km = 1000m	1 litr = $1000cm^3$
1kg = 1000g	1 cm^3 = 1 ml

Unedau Imperial

1) **Hyd**	Modfeddi, troedfeddi, llathenni, milltiroedd
2) **Arwynebedd**	Modfeddi sgwâr, troedfeddi sgwâr, llathenni sgwâr, milltiroedd sgwâr
3) **Cyfaint**	Modfeddi ciwbig, troedfeddi ciwbig, galwyni, peintiau
4) **Pwysau**	Ownsys, pwysi, stonau, tunelli
5) **Buanedd**	mya

DYSGWCH Y RHAIN HEFYD!
- 1 Droedfedd = 12 Modfedd
- 1 Llathen = 3 Troedfedd
- 1 Galwyn = 8 Peint
- 1 Ston = 14 Pwys (lb)
- 1 Pwys = 16 Owns (Oz)

Trawsnewid Metrig – Imperial

MAE ANGEN I CHI DDYSGU'R RHAIN – efallai na fyddant wedi eu rhoi i chi yn y papur arholiad.

Trawsnewidiau Bras

1 kg = $2^1/_4$ lb (neu 2.2 lb)	1 galwyn = 4.5 litr
1 m = 1 llathen (+10%)	1 droedfedd = 30 cm
1 litr = $1^3/_4$ peint	**1 dunnell fetrig = 1 dunnell imperial**
1 fodfedd = 2.5 cm	1 filltir = 1.6 km neu 5 milltir = 8 km

Defnyddio Ffactorau Trawsnewid

1) Trawsnewidiwch 45 mm yn cm.
   ATEB: Ff.T. = 10, felly × neu ÷ â 10, sy'n rhoi 450cm neu **4.5cm**. (Synhwyrol)
2) Trawsnewidiwch 37 modfedd yn cm.
   ATEB: Ff.T. = 2.5, felly × neu ÷ â 2.5, sy'n rhoi 14.8cm neu **92.5cm**.
3) Trawsnewidiwch 5.45 litr yn beintiau.
   ATEB: Ff.T. = $1^3/_4$, felly × neu ÷ â 1.75, sy'n rhoi 3.11 peint neu **9.54** peint.

Y Prawf Hollbwysig

Yn y bocsys tywyll uchod, mae **21 ffactor trawsnewid**. **DYSGWCH NHW**, yna cuddiwch y tudalen a'u hysgrifennu.

1) Sawl litr sydd mewn $3^1/_2$ galwyn?   2) Sawl llathen (yn fras) yw 200m?
3) Hyd rhoden yw 46 modfedd. Faint yw hyn mewn cm?
4) Pris petrol yw £2.83 y galwyn. Faint y litr yw hyn?
5) Mae car yn teithio ar 65 mya. Beth yw ei fuanedd mewn km/a?

Manwl gywirdeb ac Amcangyfrif

Manwl gywirdeb priodol

Er mwyn penderfynu beth yw'r manwl gywirdeb priodol, rhaid i chi gofio'r tair rheol hyn:

1) Os nad yw'r **mesuriadau yn bwysig iawn, 2 FFIGUR YSTYRLON** yw'r mwyaf addas.

ENGHREIFFTIAU

COGINIO – 250g (2 ffig. yst.) o siwgr, nid 253g (3 ffig. yst.), neu 300g (1 ffig. yst.)
PELLTER TAITH – 450 milltir neu 25 milltir neu 3500 milltir (i gyd i 2 ffig. yst.)
ARWYNEBEDD GARDD NEU LAWR – 330m² neu 15m²

2) Ar gyfer **pethau pwysicach neu dechnegol, mae 3 FFIGUR YSTYRLON** yn hanfodol.

ENGHREIFFTIAU

Ffigur technegol fel **34.2** milltir y galwyn, nid **34** m.y.g.
Hyd fydd yn cael ei **dorri i ffitio**, e.e. Byddech yn mesur silff yn **25.6**cm o hyd ac nid yn **26**cm neu **25.63**cm.
Unrhyw fesuriad **manwl gywir** â phren mesur: **67.5**cm, nid **70**cm na **67.54**cm.

3) Dim ond ar gyfer **gwaith gwir wyddonol** y byddech yn cael **mwy na 3 FFIG. YST.**

Amcangyfrif Mae hyn yn **HAWDD IAWN**, os nad ydych yn **gor-gymhlethu pethau**.

1) TALGRYNNU POPETH gan adael RHIFAU HWYLUS hawdd
2) Yna CYFRIFO'R ATEB gan ddefnyddio'r rhifau hawdd hynny – a dyna ni!

Yn yr arholiad disgwylir i chi **ddangos holl gamau'r gwaith a wnaethoch**, er mwyn profi nad defnyddio cyfrifiannell yn unig a wnaethoch.

ENGHRAIFFT Amcangyfrifwch werth $\dfrac{127.8 + 41.9}{56.5 \times 3.2}$ gan ddangos eich holl waith

Ateb: $\dfrac{127.8 + 41.9}{56.5 \times 3.2} \approx \dfrac{130 + 40}{60 \times 3} \approx \dfrac{170}{180} \approx 1$ ("≈" yw "**bron yn hafal i**")

Amcangyfrif Arwynebedd a Chyfaint

1) Llunio neu ddychmygu **PETRYAL NEU GIWBOID** o faint tebyg i'r gwrthrych dan sylw
2) Talgrynnu'r hydoedd i'r **RHIFAU CYFAN AGOSAF**, ac yna cyfrifo – mae'n hawdd!

ENGHREIFFTIAU Amcangyfrifwch arwynebedd y siâp hwn a **chyfaint y botel**:

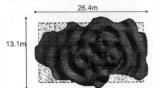

Arwynebedd ≈ petryal
26m × 13m = **338m²**
(neu, heb gyfrifiannell:
30 × 10 = 300m²)

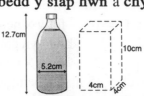

Cyfaint ≈ ciwboid
= 4 × 4 × 10
= **160cm³**

Y Prawf Hollbwysig

DYSGWCH y **3 Rheol** ar gyfer **Manwl gywirdeb** a'r **4 Rheol** ar gyfer **Amcangyfrif.** Cuddiwch y tudalen a'u **hysgrifennu** gan ddibynnu ar eich cof.

1) Penderfynwch i ba gategori o fanwl gywirdeb y **dylai'r** canlynol berthyn ac yna eu talgrynnu:

a) **Jar o jam** sy'n pwyso 34.56g   **b)** **Car** â buanedd macsimwm o 134.25 mya
c) **Cacen** sydd angen 852.3g o flawd   **ch)** **Bwrdd** sy'n 76.24cm o uchder.

2) Rhowch amcangyfrif o arwynebedd Prydain mewn milltiroedd sgwâr, a chyfaint potel lefrith mewn cm³.

Gwerthoedd wedi eu Talgrynnu

Dylech fod yn gallu talgrynnu rhifau i niferoedd penodol o leoedd degol neu ffigurau ystyrlon.
Ond nid yw pethau mor hawdd pan ofynnir am y gwerthoedd macsimwm a minimwm posibl ar gyfer lefel benodol cywirdeb y talgrynnu. Dyma dair o'r prif agweddau:

1) Darganfod Arffiniau Uchaf ac Isaf Mesuriad Unigol

Dyma'r rheol syml:

> Gall y gwir werth fod cymaint â HANNER UNED TALGRYNNU uwchben neu o dan y gwerth wedi ei dalgrynnu

E.e. Os rhoddir yr hyd fel 2.4m i'r 0.1m agosaf, yr uned talgrynnu yw 0.1m. Felly gall y gwir werth fod yn unrhyw beth o fewn 2.4m ± 0.05m, a'r arffiniau uchaf ac isaf yw 2.45m a 2.35m.

2) Gwerthoedd Macsimwm a Minimwm Posibl Canlyniad Gwaith Cyfrifo

Pan gaiff gwerthoedd sydd wedi'u talgrynnu eu defnyddio mewn gwaith cyfrifo ni fydd y **GWERTH A GYFRIFWYD** yn union hafal i'r **GWIR WERTH**.

Enghraifft: Mesuriadau llawr yw 5.3m × 4.2m i'r 10cm agosaf.
Yr arwynebedd o hyn yw **22.26m²**, ond nid hwn yw gwir werth arwynebedd y llawr oherwydd – gall gwir fesuriadau'r llawr fod yn unrhyw beth rhwng 5.25m a 5.35m, a rhwng 4.15m a 4.25m.

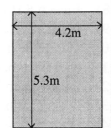

$\therefore$ Arwynebedd macsimwm posibl y llawr $= 5.35 \times 4.25 = 22.7375m^2$,

ac   Arwynebedd minimwm posibl y llawr $= 5.25 \times 4.15 = 21.7875m^2$.

3) Cyfeiliornad Canrannol Macsimwm

Wedi i chi ddarganfod y ddau werth eithaf posibl, gallwch ddefnyddio'r gwerth sydd **BELLAF** o'r gwerth talgrynedig i gael y cyfeiliornad canrannol macsiwm trwy ddefnyddio'r fformwla:

$$\text{Cyfeiliornad y Cant} = \frac{\text{Cyfeiliornad Macsimwm}}{\text{Gwreiddiol}} \times 100$$

Ond byddwch yn ofalus – y "gwreiddiol" yw'r gwerth **EITHAF**, nid y gwerth **talgrynedig**.
E.e. ar gyfer y petryal uchod, y cyfeiliornad macsimwm yw $22.7375 - 22.26 = 0.4775$ ac felly, y cyfeiliornad canrannol macsimwm yw

$$\frac{0.4775}{22.7375} \times 100 = 2.1\%$$

4) Yn anffodus nid yw bob amser mor syml â hyn

Ar gyfer llawer o fformwlâu NID y gwerthoedd mwyaf a fewnbynnir sy'n rhoi'r canlyniad macsimwm. Ystyriwn $z = x + \frac{1}{y}$. Daw gwerth macsimwm z o werth **macsimwm** x wedi'i gysylltu â gwerth **minimwm** y.
Felly pan fo'r cwestiwn yn edrych yn gymhleth, y **dull mwyaf diogel** yw cyfrifo'r ateb gan **ddefnyddio'r pedwar cyfuniad** i weld pa gyfuniadau sy'n rhoi'r canlyniadau macsimwm a minimwm.

Y Prawf Hollbwysig

> DYSGWCH y PEDWAR PWYNT. Cuddiwch y tudalen ac **ysgrifennwch** fanylion pwysig pob un ohonynt

1) Mesuriadau x ac y yw 2.32m a 0.45m i'r 0.01m agosaf. Caiff T ei roi gan $T = (x - y)/y$. Darganfyddwch y cyfeiliornad canrannol macsimwm posibl yn T os defnyddir gwerthoedd talgrynedig x ac y i'w gyfrifo.

Crynodeb Adolygu Adran 1

Efallai fod y cwestiynau hyn yn ymddangos yn anodd, **ond dyma'r math gorau o adolygu allwch chi ei wneud**. Holl bwrpas adolygu yw **darganfod y pethau nad ydych yn eu gwybod** ac yna eu dysgu **nes byddwch yn eu gwybod**. Mae'r cwestiynau anodd hyn yn dangos faint rydych chi'n ei wybod. Maent yn dilyn trefn y tudalennau yn Adran 1, felly mae'n ddigon hawdd i chi wirio unrhyw beth nad ydych yn ei wybod.

Daliwch ati i ddysgu'r ffeithiau sylfaenol hyn nes byddwch yn eu gwybod.

1) Beth yw lluosrifau, ffactorau a ffactorau cysefin?
2) Rhestrwch 5 lluosrif cyntaf 13, a holl ffactorau 80.
3) Beth yw rhifau sgwâr, rhifau triongl a rhifau cysefin?
4) Rhestrwch y 10 cyntaf ym mhob dilyniant **oddi ar eich cof**.
5) Beth yw tri cham y dull o benderfynu pa rifau sy'n rhifau cysefin?
6) Beth yw'r 2 fformwla ar gyfer darganfod $n$fed term dilyniant?
7) At ba fath o ddilyniannau mae pob fformwla yn cyfeirio?
8) Enwch 3 ffurf rhif cymarebol, a rhowch enghreifftiau.
9) Disgrifiwch 2 ffurf y gall rhif anghymarebol eu cymryd, gan roi enghreifftiau.
10) Yn gyffredinol beth yw'r ffordd orau o ganfod a yw rhif yn gymarebol neu yn anghymarebol?
11) Eglurwch beth yw'r broses o ddarganfod rhif anghymarebol rhwng, dyweder, 14 a 19.
12) Disgrifiwch yn fanwl 5 peth gwahanol y gallwch chi eu gwneud â'r Botwm Ffracsiwn.
13) Disgrifiwch mewn geiriau y dull o drin y 4 rheol i gyfrifo ffracsiynau ar bapur.
14) Gwnewch enghreifftiau eich hun i ddangos pob un o'r tri math o gwestiynau ar ganrannau.
15) Disgrifiwch y 2 ddull ar gyfer ymdrin â degolion cylchol.
16) Ysgrifennwch yr hyn a wyddoch am ymdrin â syrdiau.
17) Beth yw'r fformwla ar gyfer newid canrannol? Rhowch ddwy enghraifft o'i defnydd.
18) Eglurwch beth yw'r ddau fath o Ddiddymu sydd ar eich cyfrifiannell.
19) Beth yw'r rheswm dros ddefnyddio'r enw "botwm hunanddiddymu"?
20) Dangoswch bum defnydd o'r botwm pwerau.
21) Beth yw ystyr CORLAT? Beth yw'r cysylltiad rhyngddo a'r cyfrifiannell?
22) Rhowch enghraifft dda yn dangos pryd y dylid defnyddio'r botymau cromfachau.
23) Rhowch enghraifft dda yn dangos pryd y dylid defnyddio'r botymau cof.
24) Ddylech chi ddefnyddio'r holl nodweddion defnyddiol hyn wrth gyfrifo?
25) Pa un yw'r botwm ffurf safonol? Beth ddylech chi ei bwyso i fewnbynnu 6×10^8?
26) Pa fotwm sy'n ddefnyddiol ar gyfer dadansoddi degolion cymhleth? Rhowch enghraifft.
27) Pa fotwm allwch chi ei ddefnyddio i fewnbynnu oriau, munudau ac eiliadau?
28) Eglurwch sut mae gwneud hyn a hefyd beth ddylech ei bwyso i drawsnewid yn amser degol.
29) Beth yw'r gwahaniaeth rhwng amser degol ac amser cyffredin?
30) Rhowch fanylion yr wyth pwynt ar gyfer ffwythiannau ystadegol.
31) Beth yw'r 3 cham ar gyfer defnyddio ffactorau trawsnewid? Rhowch 3 enghraifft.
32) Rhowch 8 enghraifft o drawsnewidiadau metrig, 5 enghraifft o drawsnewidiadau imperial ac 8 enghraifft o drawsnewidiadau metrig–imperial.
33) Rhowch dair rheol ar gyfer penderfynu ar fanwl gywirdeb priodol.
34) Rhowch 2 reol ar gyfer cyfrifo atebion bras i fformwlâu.
35) Rhowch 2 reol ar gyfer cyfrifo arwynebedd a chyfaint yn fras.
36) Sut rydych yn penderfynu beth yw arffiniau uchaf ac isaf mesuriad sydd wedi ei dalgrynnu?
37) Eglurwch sut y gall ateb wedi ei gyfrifo fod ag amrediad o werthoedd posibl.
38) Sut rydych yn darganfod cyfeiliornad posibl macsimwm?
39) Sut rydych yn darganfod cyfeiliornad canrannol posibl macsimwm?
40) Beth fyddai'r sefyllfa fwyaf anodd yn hyn o beth a sut fyddech yn delio â hyn?

Polygonau Rheolaidd

Siâp amlochrog yw **polygon**. Mewn polygon **RHEOLAIDD** mae'r **HOLL OCHRAU A'R ONGLAU YR UN FAINT**. Mae'r **POLYGONAU RHEOLAIDD** yn gyfres **ddiddiwedd** o siapiau sy'n cynnwys rhai nodweddion arbennig. **Maent yn ddigon hawdd i'w dysgu**. Dyma ychydig o'r rhai cyntaf ond nid oes diwedd arnynt – mae'n bosibl cael polygon 12 ochr neu 25 ochr, etc.

TRIONGL HAFALOCHROG
3 ochr
3 **llinell** cymesuredd
Cymesuredd cylchdro **trefn 3**

SGWÂR
4 ochr
4 **llinell** cymesuredd
Cymesuredd cylchdro **trefn 4**

PENTAGON RHEOLAIDD
5 ochr
5 **llinell** cymesuredd
Cymesuredd cylchdro **trefn 5**

HECSAGON RHEOLAIDD
6 ochr
6 **llinell** cymesuredd
Cymesuredd cylchdro **trefn 6**

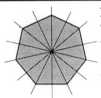

HEPTAGON RHEOLAIDD
7 ochr
7 **llinell** cymesuredd
Cymesuredd cylchdro **trefn 7**

(Mae darn 50c yn heptagon)

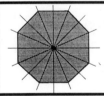

OCTAGON RHEOLAIDD
8 ochr
8 **llinell** cymesuredd
Cymesuredd cylchdro **trefn 8**

Onglau Mewnol ac Allanol

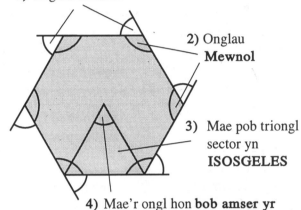

1) Onglau **Allanol**
2) Onglau **Mewnol**
3) Mae pob triongl sector yn **ISOSGELES**
4) Mae'r ongl hon **bob amser yr un faint â'r Onglau Allanol**

$$\text{ONGL ALLANOL} = \frac{360°}{\text{Nifer yr Ochrau}}$$

$$\text{ONGL FEWNOL} = 180° - \text{ONGL ALLANOL}$$

Os cewch **Bolygon Rheolaidd** yn yr arholiad, byddwch yn siŵr o orfod cyfrifo'r onglau **Mewnol** ac **Allanol**, felly dysgwch sut i wneud hyn!

MAE POLYGONAU RHEOLAIDD YN CYNNWYS LLAWER O GYMESUREDD

1) Yn y diagram cyfan o'r pentagon a ddangosir yma, mae pob ongl o un o **dri maint gwahanol**.
2) Mae hyn yn **nodweddiadol o bolygonau rheolaidd**. Maent yn cynnwys llawer o gymesuredd.
3) Mewn polygon rheolaidd, **os yw dwy ongl yn edrych yn debyg, yna maent o'r un maint**. Nid yw hon yn rheol y dylech ei defnyddio fel arfer mewn geometreg, a beth bynnag bydd raid i chi **brofi** bod yr onglau yn hafal.

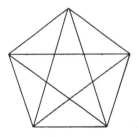 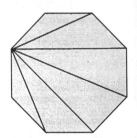

Y Prawf Hollbwysig

DYSGWCH Y TUDALEN HWN. Cuddiwch y tudalen ac ysgrifennwch yr hyn rydych wedi ei ddysgu.

1) Cyfrifwch ddwy ongl allweddol y Pentagon. 2) A dwy ongl allweddol Polygon Rheolaidd 12 ochr.
3) Mae gan bolygon rheolaidd ongl fewnol sy'n 156°. Faint o ochrau sydd ganddo?
4) Cyfrifwch HOLL onglau'r pentagon a'r octagon a ddangosir uchod. Sylwch ar y cymesuredd.

Arwynebedd

EFALLAI y bydd y fformwlâu hyn i'w cael y tu mewn i glawr blaen y papur arholiad, ond os na fyddwch yn eu dysgu ymlaen llaw, fyddwch chi ddim yn gallu eu defnyddio yn yr arholiad.

MAE'N RHAID I CHI DDYSGU'R FFORMWLÂU HYN:

Arwynebedd triongl = $\frac{1}{2}$ × Sail × Uchder Fertigol $\boxed{A = \frac{1}{2} \times S \times U_F}$

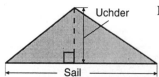

Noder bod yr **uchder** bob amser yn golygu'r **uchder fertigol**, nid yr uchder goleddol.

Dyma'r fformwla arall:
Arwynebedd triongl = $\frac{1}{2}$ ab SIN C

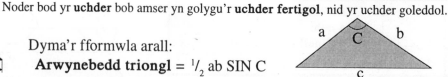

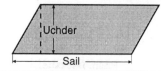

Arwynebedd **paralelogram** = Sail × Uchder Fertigol $\boxed{A = S \times U_F}$

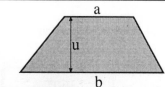

Arwynebedd **trapesiwm** = $\frac{\text{cyfartaledd yr}}{\text{ochrau paralel}}$ × $\frac{\text{y pellter}}{\text{rhyngddynt}}$

$\boxed{A = \frac{1}{2} \times (a + b) \times u}$

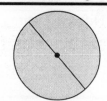

Arwynebedd cylch = π × (radiws)² $\boxed{A = \pi \times r^2}$

Cylchedd = π × Diamedr $\boxed{C = \pi \times D}$

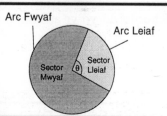

$\boxed{\text{Arwynebedd Sector} = \frac{\theta}{360} \times \text{arwynebedd y Cylch cyfan}}$

$\boxed{\text{Hyd Arc} = \frac{\theta}{360} \times \text{cylchedd y Cylch cyfan}}$

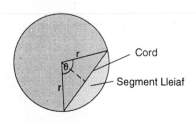

Mae **DARGANFOD ARWYNEBEDD SEGMENT** yn fater mwy dyrys ond mae'n werth ei ddysgu:
1) Darganfyddwch **arwynebedd y sector** gan ddefnyddio'r fformwla uchod.
2) Defnyddiwch **drigonometreg ddwywaith** i ddarganfod sail ($2 \times r \sin (\theta/2)$) ac uchder ($r \times \cos (\theta/2)$) y triongl.
3) Darganfyddwch arwynebedd y triongl, yna ei **dynnu** o arwynebedd y sector.

Y Prawf Hollbwysig

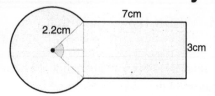

DYSGWCH Y TUDALEN – Yna **cuddiwch y tudalen ac ysgrifennwch** yr holl fanylion pwysig. Gwiriwch eich gwaith a **rhowch gynnig arall arni**.

1) **Darganfyddwch berimedr ac arwynebedd y siâp hwn.** Fel y byddech yn disgwyl, bydd angen i chi ddefnyddio theorem Pythagoras a/neu drigonometreg (gweler t. 39 a t. 40).

Cyfaint

CYFEINTIAU — MAE'N RHAID I CHI DDYSGU'R RHAIN HEFYD!

1) Sffêr

$$\text{Cyfaint sffêr} = \frac{4}{3}\pi r^3$$

Enghraifft: Radiws y lleuad yw 1700km, darganfyddwch ei gyfaint.

Ateb: $C = \frac{4}{3}\pi r^3 = (4/3) \times 3.14 \times 1700^3 = \mathbf{2.1 \times 10^{10}\,km^3}$

2) Prism

PRISM yw gwrthych solid tri dimensiwn a chanddo **arwynebedd trawstoriad cyson** – h.y. mae'r siâp yr un fath ar ei hyd.

Am ryw reswm nid yw llawer o bobl yn gwybod beth yw prism, ond ceir cwestiwn ar brismau yn aml mewn arholiadau, felly gwnewch yn siŵr eich bod yn gwybod beth ydynt.

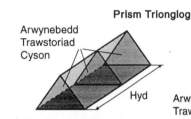
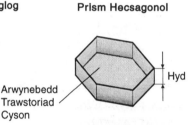
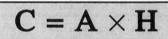

$$\frac{\text{Cyfaint}}{\text{prism}} = \frac{\text{Arwynebedd}}{\text{trawstoriad}} \times \text{Hyd}$$

$$\mathbf{C = A \times H}$$

Fel y gwelwch, mae'r fformwla ar gyfer cyfrifo cyfaint prism yn **syml iawn**.
Y rhan **anoddaf**, fel arfer, yw **darganfod arwynebedd y trawstoriad**.

3) Pyramidiau a Chonau

Pyramid yw unrhyw siâp sy'n mynd yn big yn y top. Gall ei sylfaen fod yn unrhyw siâp. Os yw'r sylfaen yn gylch, yna gelwir y pyramid yn gôn (yn hytrach na phyramid crwn).

$$\text{Cyfaint Pyramid} = \tfrac{1}{3} \times \text{Arwynebedd Sylfaen} \times \text{Uchder}$$
$$\text{Cyfaint Côn} = \tfrac{1}{3} \times \pi r^2 \times \text{Uchder}$$

Mae'r fformwla syml hon yn wir ar gyfer unrhyw byramid neu gôn, p'un a yw'n "syth i fyny" (fel y ddau uchod) neu yn tueddu i un ochr (fel (c) isod).

Y Prawf Hollbwysig

DYSGWCH y tudalen hwn. Yna cuddiwch y tudalen a cheisio ysgrifennu'r cynnwys. **Daliwch ati nes byddwch yn llwyddo.**

Dylech ymarfer y ddau gwestiwn canlynol nes byddwch yn gallu mynd drwy'r holl gamau yn rhwydd.

1) Enwch y tri siâp hyn a darganfyddwch eu cyfeintiau:

a)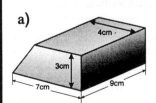

b)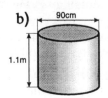

c)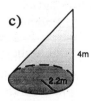

2) Mae gan bêl tennis bwrdd ddiamedr o 4cm. Mae gan bêl dennis ddiamedr o 7cm. Darganfyddwch gyfeintiau'r ddwy bêl. A yw'r cyfeintiau cymharol tua'r hyn fyddech yn ei ddisgwyl? (gweler t. 27)

Hyd, Arwynebedd a Chyfaint

Adnabod Fformwlâu wrth Edrych Arnynt

Nid yw hyn mor anodd ag mae'n swnio, gan mai dim ond am fformwlâu ar gyfer 3 pheth rydym yn sôn: **HYD, ARWYNEBEDD a CHYFAINT** ac mae'r rheolau yn syml iawn:

Mae **FFORMWLÂU ARWYNEBEDD** bob amser yn cynnwys
HYD OCHRAU WEDI EU LLUOSI MEWN PARAU

Mae **FFORMWLÂU CYFAINT** bob amser yn cynnwys
HYD OCHRAU WEDI EU LLUOSI MEWN GRWPIAU O DRI

Mae **FFORMWLÂU HYD** (megis perimedr) bob amser yn cynnwys
HYDOEDD OCHRAU UNIGOL

Mewn fformwlâu wrth gwrs, **CYNRYCHIOLIR HYD OCHRAU GAN LYTHRENNAU**, felly pan fyddwch yn edrych ar fformwla rydych yn chwilio am **GRWPIAU O LYTHRENNAU WEDI EU LLUOSI Â'I GILYDD**, yn unigol, yn ddeuoedd neu'n drioedd.

OND COFIWCH, NID YW π yn hyd.

Enghreifftiau:

πd (hyd)	$2h + 2L$ (hyd)	$4\pi(a + b)^2$ (arwynebedd)
πr^2 (arwynebedd)	$(4/3)\pi r^3$ (cyfaint)	$3s(d + h)^2$ (cyfaint)
$4\pi r^2 + 6d^2$ (arwynebedd)	$HLU + 6r^2L$ (cyfaint)	$\dfrac{5ph^2 + d^3}{4\pi r}$ (arwynebedd)
$4\pi r + 15h$ (hyd)	$6hp + \pi r^2 + 7h^2$ (arwynebedd)	
$5p^2h - 4k^3/7$ (cyfaint)	$2\pi d - 14r/3$ (hyd)	

Arwynebedd Arwyneb a Rhwydi

1) Defnyddir **ARWYNEBEDD ARWYNEB** wrth sôn am wrthrychau tri dimensiwn solid yn unig ac yn syml mae'n golygu **cyfanswm arwynebedd** yr holl arwynebau allanol. Pe byddech yn peintio'r gwrthrych, dyma'r holl ddarnau y byddai'n rhaid i chi eu peintio!

2) Nid oes **fformwla syml** ar gyfer darganfod arwynebedd arwyneb – rhaid i chi gyfrifo **arwynebedd pob wyneb fesul un** ac yna eu **HADIO**.

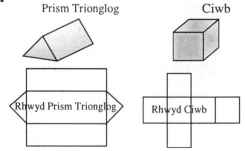

Prism Trionglog | Ciwb

Rhwyd Prism Trionglog | Rhwyd Ciwb

3) Yn syml, **RHWYD** solid yw'r **ARWYNEB FFLAT A GAWN WRTH AGOR ALLAN WYNEBAU'R SOLID.**

4) Felly: **ARWYNEBEDD ARWYNEB SOLID = ARWYNEBEDD Y RHWYD**

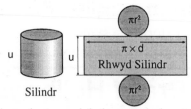

πr^2

$\pi \times d$

Rhwyd Silindr

Silindr

πr^2

5) Mae **ARWYNEBEDD ARWYNEB SILINDR** yn arbennig o bwysig (gan ei fod yn cael ei grybwyll yn y maes llafur). Dysgwch y rhwyd a sylwch yn arbennig fod **hyd y petryal** yn hafal i **gylchedd** y ddau ben siâp cylch.

Y Prawf Hollbwysig

Dysgwch y **Rheolau ar gyfer Adnabod Fformwlâu**, a'r **5 Pwynt ar gyfer Arwynebedd Arwyneb a Rhwydi.**

1) Pa fynegiad sy'n rhoi arwynebedd, cyfaint a pherimedr y canlynol? **a)** $2su + 4hp$, **b)** $4r^2u + 3\pi d^3$, **c)** $(4\pi r^2 + dh)/d$ **2)** Lluniwch rwyd **a)** pyramid sylfaen sgwâr, **b)** côn.
3) Cyfrifwch arwynebedd arwyneb tun diod o uchder 12.5cm a diamedr 7.2cm.

Locysau a Lluniadau

LOCWS yw

> LLUNIAD sy'n dangos yr **holl bwyntiau sy'n bodloni rheol a roddir**

Rhaid i chi ddysgu **sut i'w llunio'n GYWIR gan ddefnyddio PREN MESUR a CHWMPAS**:

1) Locws pwyntiau sydd ar "**bellter penodol o BWYNT penodol**"

CYLCH yw'r locws hwn

2) Locws pwyntiau sydd ar "**bellter penodol o LINELL benodol**"

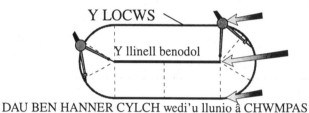

Y LOCWS

Y llinell benodol

DAU BEN HANNER CYLCH wedi'u llunio â CHWMPAS

3) Locws pwyntiau sydd "**Yr un pellter o ddwy LINELL benodol**"

1) Peidiwch â newid ongl y cwmpas wrth wneud y pedwar marc

2) Gofalwch bob amser fod marciau'r cwmpas yn glir

3) Rydych yn cael dwy ongl hafal – h.y. mae'r LOCWS yn HANERU'R ONGL

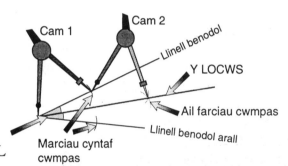

Cam 1 · Cam 2
Llinell benodol
Y LOCWS
Ail farciau cwmpas
Llinell benodol arall
Marciau cyntaf cwmpas

4) Locws pwyntiau sydd "**Yr un pellter o ddau BWYNT penodol**"

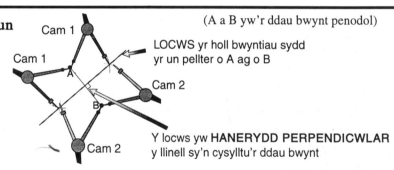

(A a B yw'r ddau bwynt penodol)

LOCWS yr holl bwyntiau sydd yr un pellter o A ag o B

Y locws yw **HANERYDD PERPENDICWLAR** y llinell sy'n cysylltu'r ddau bwynt

Llunio onglau 60° a 90° manwl gywir

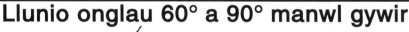

☞ Gallwch gael cwestiwn yn yr arholiad yn gofyn i chi lunio ongl 60° yn fanwl gywir (e.e. ar gyfer triongl hafalochrog),

neu lunio perpendicwlar ☞ sy'n torri llinell ar bwynt penodol. Felly, dysgwch sut i lunio'r rhain.

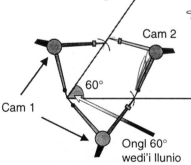

Cam 2
60°
Cam 1
Ongl 60° wedi'i llunio

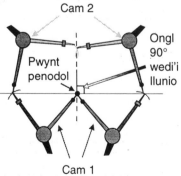

Cam 2
Ongl 90° wedi'i llunio
Pwynt penodol
Cam 1

Y Prawf Hollbwysig

> DYSGWCH BOPETH AR Y TUDALEN HWN

Cuddiwch y tudalen a lluniwch enghraifft o bob un o'r pedwar locws. Yna lluniwch driongl hafalochrog a sgwâr, gan ofalu bod onglau 60° a 90° y naill a'r llall yn hollol gywir.

Geometreg

Wyth Rheol Syml – dyna i gyd:

Bydd yr wyth rheol syml hyn yn datrys UNRHYW broblem geometreg nad yw'n cynnwys cylchoedd. **Os byddwch yn dysgu'r rhain i gyd YN IAWN**, bydd gennych obaith reit dda o ddatrys problemau geometreg.

1) ONGLAU MEWN TRIONGL
Maent yn adio i <u>180°</u>

2) ONGLAU AR LINELL SYTH
Maent yn adio i <u>180°</u>

3) ONGLAU MEWN PEDROCHR
Maent yn adio i <u>360°</u>

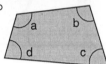

4) ONGLAU O GWMPAS PWYNT
Maent yn adio i <u>360°</u>

5) TRIONGL ISOSGELES – Dwy ochr yr un faint, dwy ongl yr un faint

1) **DIM OND UN ONGL SYDD ANGEN I CHI EI GWYBOD** er mwyn darganfod y ddwy arall. **COFIWCH HYN**.
2) Y broblem fwyaf gyda thrionglau isosgeles yw eu hadnabod yn y lle cyntaf

6) LLINELLAU PARALEL

Pan fo un llinell yn croesi 2 **linell baralel**, yna bydd yr onglau wrth y croesiadau **yn hafal**, ac
a + b = 180°

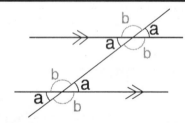

Bydd angen i chi ddod o hyd i'r **siapiau "Z", "C", "U", "F"**:

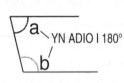

Os oes angen, **ESTYNNWCH Y LLINELLAU** er mwyn **hwyluso'r gwaith**.

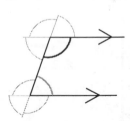

Mewn **siâp Z** gelwir yr onglau yn "**ONGLAU EILEDOL**"

Os ydynt yn adio i 180°, gelwir yr onglau yn "**ONGLAU ATODOL**"

Mewn **siâp F** gelwir yr onglau yn "**ONGLAU CYFATEBOL**"

Mae'n rhaid i chi ddysgu'r enwau hyn hefyd.

Y ddau beth anoddaf ynglŷn â llinellau paralel yw:

a) **eu hadnabod yn y lle cyntaf**, efallai oherwydd nad yw'r diagram yn cynnwys y saethau paralel
b) delio â **dwy linell yn croesi'r** llinellau paralel yn yr un pwynt fel hyn:

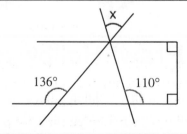

Geometreg

7) POLYGONAU AFREOLAIDD: ONGLAU MEWNOL AC ALLANOL

Yn syml, mae polygon afreolaidd yn golygu unrhyw siâp a chanddo lawer o ochrau syth nad ydynt i gyd o'r un hyd. Dylech wybod y ddwy fformwla hyn:

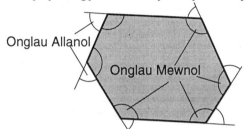

Onglau Allanol

Onglau Mewnol

| **Swm yr Onglau Allanol** $= 360°$ |

| **Swm yr Onglau Mewnol** $= (n - 2) \times 180°$
 lle saif n am nifer yr ochrau |

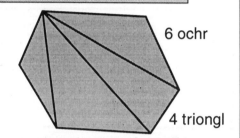

6 ochr

4 triongl

Ceir y fformwla $(n - 2) \times 180°$ drwy rannu'r tu mewn i'r polygon yn drionglau gan ddefnyddio croesliniau llawn. Mae pob triongl yn cynnwys 180°, felly'r cyfan sydd raid ei wneud yw rhifo'r trionglau a lluosi â 180°. Bydd nifer y trionglau bob amser ddau yn llai na nifer yr ochrau, a hyn sy'n rhoi $(n - 2)$.

8) DULL SYLFAENOL O WYNEBU PROBLEMAU GEOMETREG

1) **Peidiwch** â chanolbwyntio gormod ar yr ongl y gofynnwyd i chi ei chyfrifo. Y ffordd orau yw **DARGANFOD YR HOLL ONGLAU MEWN UNRHYW DREFN.**

2) **Peidiwch** ag aros am ysbrydoliaeth. Mae'n ddigon hawdd gwastraffu amser yn syllu ar broblem geometreg. Dyma'r dull i'w ddefnyddio:

EWCH DRWY'R RHEOLAU UCHOD AR GYFER GEOMETREG, FESUL UN, a chymhwyso pob un ohonynt yn ei thro mewn **cymaint o ffyrdd ag sydd bosibl** – mae un ohonynt yn siŵr o weithio.

Gyda llaw, mae hyn yn gweithio! Rhowch gynnig arni a byddwch yn synnu pa mor hawdd fydd geometreg wrth i chi roi'r rheolau syml ar waith. (gweler t. 22)

Enghraifft   "Darganfyddwch yr holl onglau eraill sydd yn y diagram hwn."

ATEB:

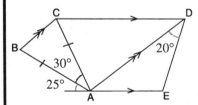

1) Triongl isosgeles yw ABC, felly mae $\angle ABC = \angle ACB = 75°$

2) Mae BC ac AD yn baralel, mae BCAD yn siâp Z, felly os yw $\angle ACB = 75°$ yna mae $\angle CAD = 75°$ hefyd.

3) Mae onglau ar linell syth yn golygu bod $\angle EAD = 50°$

4) Mae AE a CD yn baralel ac felly mae $\angle ADC = 50°$ hefyd.

5) Mae onglau triongl ACD yn adio i 180° felly mae $\angle ACD = 55°$

6) Mae onglau triongl ADE yn adio i 180° felly mae $\angle AED = 110°$

Y Prawf Hollbwysig

| DYSGWCH BOPETH sydd ar y ddau dudalen hyn, yn arbennig y llinellau paralel. **Cuddiwch y tudalen ac ysgrifennwch yr hyn rydych wedi'i ddysgu.** |

1) Os yw ongl triongl isosgeles yn 68°, beth allai meintiau yr onglau eraill fod?

2) Darganfyddwch ongl **x** yn y diagram gyferbyn a nodwch feintiau'r onglau eraill.

3) Beth yw swm onglau allanol polygon 7 ochr?

4) Beth yw swm onglau mewnol polygon 5 ochr?

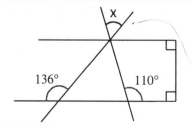

Geometreg y Cylch

9 Rheol Syml i'w cofio – dyna i gyd:

1) ONGL MEWN HANNER CYLCH = 90°

Mae triongl sy'n cael ei dynnu **o ddau ben diamedr** BOB AMSER yn gwneud ongl o **90° yn y man lle bydd yn taro'r cylchyn**, ble bynnag y bydd hynny.

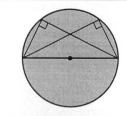

2) MAE TANGIAD A RADIWS YN CYFARFOD AR 90°

TANGIAD yw llinell sy'n prin gyffwrdd ag ymyl cromlin.
Os yw tangiad a radiws yn cyfarfod yn yr un pwynt, yna mae'r ongl rhyngddynt yn UNION 90°.

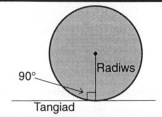

3) TRIONGLAU ISOSGELES SY'N CAEL EU FFURFIO GAN DDAU RADIWS

Yn wahanol i drionglau isosgeles eraill, does yma ddim marciau bychain ar yr ochrau i'ch atgoffa eu bod o'r un hyd – mae'r ffaith mai **dau radiws sydd yma** yn ddigon i wneud y triongl yn isosgeles.

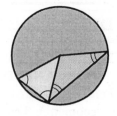

4) MAE HANERYDD PERPENDICWLAR CORD YN DDIAMEDR

CORD yw unrhyw linell sydd wedi'i **llunio ar draws cylch**. Ble bynnag mae'r cord yn cael ei lunio, bydd y llinell sy'n ei **dorri'n union yn ei hanner** (ar ongl o 90°) yn mynd **trwy ganol y cylch** ac felly mae'n **rhaid bod** hon yn DDIAMEDR.

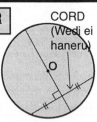

5) MAE'R ONGLAU YN YR UN SEGMENT YN HAFAL

Bydd gan bob triongl sy'n cael ei lunio o gord **onglau o'r un maint yn y mannau lle byddant yn taro'r cylchyn**. Hefyd, mae'r ddwy ongl ar ochrau cyferbyn y cord yn **adio i 180°**.

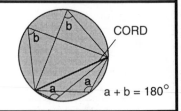

6) MAE'R ONGL YN Y CANOL YN DDWYWAITH YR ONGL AR YR YMYL

Mae'r ongl a gynhelir yng nghanol y cylch yn **UNION DDWYWAITH** yr ongl a gynhelir gan yr un cord. Mae **"yr ongl a gynhelir yn"** yn golygu'r un peth ag **"yr ongl a ffurfir yn"**.

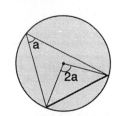

7) SWM ONGLAU CYFERBYN PEDROCHR CYLCHOL YW 180°

$a + c = 180°$
$b + d = 180°$

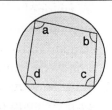

Pedrochr cylchol yw **siâp pedair ochr â phob cornel ar gylchyn y cylch**. Mae pob pâr o onglau cyferbyn yn adio i 180°.

Geometreg y Cylch

8) HAFALEDD TANGIADAU O BWYNT

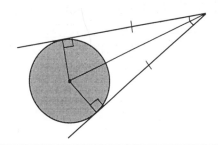

Mae'r ddau dangiad a lunnir o bwynt allanol **bob amser yn hafal o ran hyd**, ac felly'n creu sefyllfa "isosgeles", gyda **dau driongl ongl sgwâr cyfath**.

9) ONGL YN Y SEGMENT CYFERBYN YN HAFAL

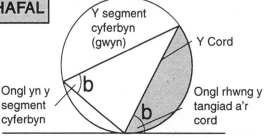

Dyma'r anoddaf i'w gofio. Pan fyddwch yn llunio **tangiad** a **chord** sy'n cyfarfod, yna mae'r **ongl rhyngddynt** bob amser yn **hafal** i'r "**ongl yn y segment cyferbyn**" (h.y. yr ongl y mae'r cord yn ei chynnal ar gylchyn y cylch).

Nodiant 3 Llythyren ar gyfer Onglau

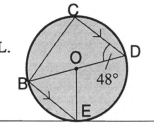

1) Caiff ongl ei nodi gan ddefnyddio 3 llythyren, e.e. ongl ODC = 48°
2) **Y LLYTHYREN GANOL SY'N NODI LLEOLIAD YR ONGL.**
3) Mae'r **DDWY LYTHYREN ARALL** yn dweud wrthych **pa linellau sy'n cynnwys yr ongl.**
   Er enghraifft: Mae ongl ODC **yn D** ac yn **cael ei chynnwys** gan y llinellau sy'n mynd o **O i D** ac o **D i C**.

Enghraifft

"**Darganfyddwch holl onglau'r diagram hwn.**"
(Defnyddiwch Reol 8 ar dudalen 23 ac fe welwch pa mor hawdd ydyw)

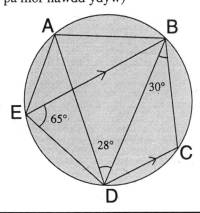

ATEB:

1) **LLINELLAU PARALEL** – mae **4 llinell wahanol** yn croesi'r 2 linell baralel, ond yr un fwyaf defnyddiol yw ED sy'n dangos bod **EDC yn 115°**

2) **ONGLAU YN YR UN SEGMENT** – mae **wyth cord gwahanol** lle gellir defnyddio'r rheol hon, ond mae rhai ohonynt yn fwy addas na'r lleill:
   EAD = EBD, ADB = AEB (felly AEB = 28°)
   ABE = ADE, DAB = DEB (felly DAB = 65°)

3) **ONGLAU MEWN SEGMENTAU CYFERBYN** – yma eto mae tri chord gwahanol lle gellir defnyddio'r rheol hon ac mae dau ohonynt yn addas:
   BCD = 180 – 65 = 115°
   ABD = 180 – (65 + 28) = 87°

4) **ONGLAU TRIONGL YN ADIO I 180°** – bydd y rheol hon, y symlaf o'r holl reolau, yn rhoi'r holl onglau eraill i chi.

Y Prawf Hollbwysig

> DYSGWCH y **Naw Rheol** ar y ddau dudalen hyn. Cuddiwch y tudalen ac ysgrifennwch y Naw Rheol.

1) Darganfyddwch holl onglau'r trydydd diagram uchod i ddangos y defnydd o'r nodiant 3 llythyren (ODC = 48°, etc).
2) **Ymarferwch, gan ddefnyddio'r Enghraifft uchod**, nes byddwch yn **deall pob cam** ac yn gallu gwneud popeth yn rhwydd a heb gymorth.

Cyfathiant a Chyflunedd

Mae **cyfath** yn derm mathemategol arall sy'n rhoi camargraff o fod yn rhywbeth cymhleth iawn – ond nid yw'n gymhleth iawn mewn gwirionedd. Os yw dau siâp yn **GYFATH**, yna **maent yr un fath yn union** – yr un maint a'r un siâp. Gallant fod yn **DDELWEDDAU DRYCH** o'i gilydd.

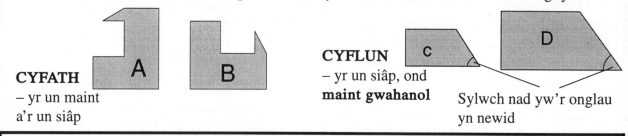

CYFATH
– yr un maint
a'r un siâp

CYFLUN
– yr un siâp, ond
maint gwahanol

Sylwch nad yw'r onglau
yn newid

Trionglau – cyfath neu beidio?

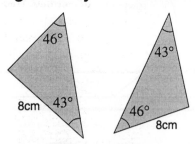

Mae'n debyg mai'r **peth anoddaf** yw penderfynu a yw **dau driongl**, fel y rhai a ddangosir yma, yn GYFATH neu beidio.

Mewn geiriau eraill, o'r wybodaeth brin a roddir, a yw'r ddau yr un fath neu'n wahanol. Rhaid defnyddio **DAU GAM PWYSIG**:

1) **Y Rheol Aur, yn sicr, yw LLUNIO'R DDAU YN WYNEBU I'R UN CYFEIRIADEDD** – dim ond wedyn y gallwch eu cymharu yn go iawn:

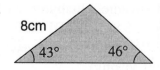 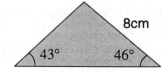

2) **Peidiwch â rhuthro wrth benderfynu** – Er bod yr ochrau sy'n 8cm yn amlwg mewn safleoedd gwahanol, mae'n hollol bosibl fod y ddwy ochr uchaf yn 8cm.

Yn yr achos hwn gallwn weld **nad** yw hyn yn wir, gan fod yr onglau yn wahanol (felly ni allant fod yn isosgeles).

Siapiau Cyflun a'r Triongl Fformwla

Mae hydoedd dau **SIÂP CYFLUN** yn gysylltiedig â'r Ffactor Graddfa drwy'r **Triongl Fformwla HYNOD O BWYSIG** hwn **Y BYDD YN RHAID I CHI EI DDYSGU**:

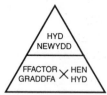

Bydd hwn yn eich helpu i ateb y cwestiwn arholiad clasurol ar "Lun wedi ei helaethu": (Gweler Trionglau Fformwla ar t. 33)

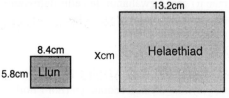

I ddarganfod lled y llun sydd wedi ei helaethu **defnyddir y triongl fformwla ddwywaith** (yn gyntaf i ddarganfod y **Ffactor Graddfa**, ac yna i ddarganfod yr **ochr anhysbys**):

1) **Ffactor Graddfa** = Hyd newydd ÷ Hen hyd = $13.2 \div 8.4 = $ **1.57**
2) **Lled newydd** = Ffactor Graddfa × Hen led = $1.57 \times 5.8 = $ **9.1cm**

OND BYDDECH AR GOLL HEB Y TRIONGL FFORMWLA!

Y Prawf Hollbwysig

DYSGWCH ddiffiniadau **cyflunedd a chyfathiant**, y 2 reol i wirio bod **trionglau yn gyfath**, a defnydd y **Triongl Fformwla** ar gyfer Siapiau Cyflun.

Yna, **pan fyddwch yn meddwl eich bod yn eu gwybod**, cuddiwch y tudalen a'u hysgrifennu i gyd **oddi ar eich cof**, gan gynnwys y brasluniau a'r enghreifftiau, **yn enwedig y llun wedi ei helaethu**.

Cyflunedd a Helaethiad

4 Nodwedd Bwysig

1) Os yw'r **Ffactor Graddfa** yn **fwy nag 1** yna **mae'r siâp yn mynd yn fwy.**

Mae A i B yn Helaethiad, Ffactor Graddfa $1^1/_2$

2) Os yw'r **Ffactor Graddfa** yn **llai nag 1** (h.y. ffracsiwn fel $^1/_2$), yna **mae'r siâp yn mynd yn llai.** (Gostyngiad yw hwn mewn gwirionedd, ond er hynny gellir ei alw'n **Helaethiad, Ffactor Graddfa $^1/_2$**)

Mae A i B yn Helaethiad, Ffactor Graddfa $^1/_2$

3) Os yw'r **Ffactor Graddfa** yn **NEGATIF**, yna bydd y siâp yn ymddangos yr ochr arall i ganol yr helaethiad. Os yw'r ffactor graddfa yn -1, mae'n union yr un fath â chylchdro o 180°

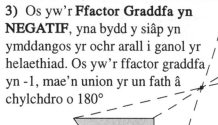
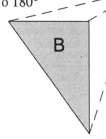

Mae A i B yn helaethiad, ffactor graddfa -2. Mae B i A yn helaethiad, ffactor graddfa $-^1/_2$.

4) Mae'r **Ffactor Graddfa** hefyd yn rhoi **pellter cymharol** hen bwyntiau a phwyntiau newydd o **Ganol yr Helaethiad**. Mae hyn yn **ddefnyddiol iawn** wrth lunio helaethiad, oherwydd gallwch ei ddefnyddio i **benderfynu safleoedd y pwyntiau newydd**:

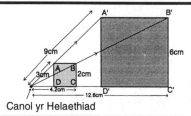

Canol yr Helaethiad

Arwynebedd a Chyfaint Helaethiad

Byddwch yn ofalus gyda'r canlynol. Mae'r cynnydd mewn arwynebedd a chyfaint yn **FWY** na'r ffactor graddfa.

Er enghraifft, os yw'r **Ffactor Graddfa yn 2**, mae'r **hydoedd** yn **ddwywaith cymaint**, pob **arwynebedd yn 4 gwaith cymaint**, a'r **cyfaint** yn **8 gwaith cymaint**, Y rheol yw:

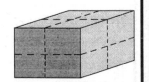

Ar gyfer helaethiad o Ffactor Graddfa *n*:

Mae'r **OCHRAU**   *n* gwaith cymaint
Mae'r **ARWYNEBEDDAU** n^2 gwaith cymaint
Mae'r **CYFEINTIAU** n^3 gwaith cymaint

Syml iawn .... **ond hawdd ei anghofio**

Gellir mynegi'r cymarebau hyn yn y ffurf:

Hydoedd	$n : m$	e.e. $3 : 4$
Arwynebeddau	$n^2 : m^2$	e.e. $9 : 16$
Cyfeintiau	$n^3 : m^3$	e.e. $26 : 64$

ENGHRAIFFT ARBENNIG:
Arwynebeddau 2 sffêr yw 16m² a 25m². Darganfyddwch y gymhareb ar gyfer eu cyfeintiau. (Mae'r trawsnewidiad hwn o **gymhareb arwynebedd i gymhareb cyfaint** yn cael ei gynnwys yn benodol yn y maes llafur. Gnewch yn siŵr eich bod yn gallu gwneud hyn.)

ATEB:
16 : 25 yw cymhareb yr arwynebeddau, sydd yn $n^2 : m^2$,
h.y $n^2 : m^2 = 16 : 25$
ac felly $n : m = 4 : 5$
ac felly $n^3 : m^3 = 64 : 125$ sef cymhareb y cyfeintiau.

Y Prawf Hollbwysig

DYSGWCH 4 Nodwedd Allweddol Helaethiadau, yn ogystal â **3 Rheol Cymarebau Arwynebedd a Chyfaint.** Yna **cuddiwch y tudalen ac ysgrifennwch y rhain.**

1) Lluniwch y triongl A(2,1) B(5,2) C(4,4) a lluniwch helaethiad ohono drwy ddefnyddio ffactor graddfa o $-1^1/_2$, y canol yn y tardd. Labelwch y triongl newydd A' B' C' a rhowch gyfesurynnau ei gorneli.
2) Cyfeintiau dau gôn cyflun yw 27m³ a 64m³. Os yw arwynebedd y côn lleiaf yn 36m², darganfyddwch arwynebedd y llall.

Y Pedwar Trawsffurfiad

Cylchdro   – **TRI** manylyn
Adlewyrchiad   – **UN** manylyn
Trawsfudiad   – **UN** manylyn
Helaethiad   – **DAU** fanylyn

1) Defnyddiwch y gair **CATH** i gofio'r 4 math.

2) Rhaid i chi roi'r **manylion i gyd** bob tro ar gyfer pob math.

1) TRAWSFUDIAD

Mae'n rhaid i chi roi'r **UN manylyn** hwn:

1) **FECTOR Y TRAWSFUDIAD** $\left(\overset{X}{\underset{Y}{\to\uparrow}}\right)$ (Gweler t. 46 ar nodiant fector)

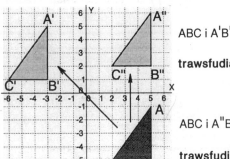

ABC i A'B'C' yw trawsfudiad o $\begin{pmatrix} -8 \\ 6 \end{pmatrix}$

ABC i A"B"C" yw trawsfudiad o $\begin{pmatrix} 0 \\ 7 \end{pmatrix}$

2) HELAETHIAD

Mae'n rhaid i chi roi'r **2 fanylyn** hyn:

1) Y **FFACTOR GRADDFA**
2) **CANOL** yr Helaethiad

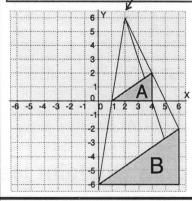

Mae o **A i B** yn helaethiad **ffactor graddfa 2**, a chanol **(2,6)**

Mae o **B i A** yn helaethiad **ffactor graddfa 1/2**, a chanol **(2,6)**

3) CYLCHDRO

Mae'n rhaid i chi roi'r **3 manylyn** hyn:

1) **ONGL** y troad
2) **CYFEIRIAD** (Clocwedd neu wrthglocwedd)
3) **CANOL** y Cylchdro

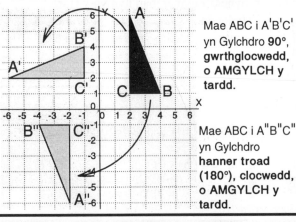

Mae ABC i A'B'C' yn Gylchdro **90°, gwrthglocwedd,** o **AMGYLCH** y tardd.

Mae ABC i A"B"C" yn Gylchdro **hanner troad (180°), clocwedd,** o **AMGYLCH** y tardd.

4) ADLEWYRCHIAD

Mae'n rhaid i chi roi'r **UN manylyn** hwn:

1) Y **LLINELL DDRYCH**

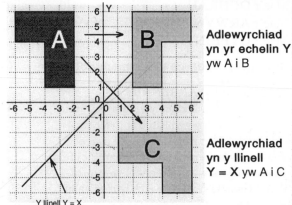

Y llinell Y = X

Adlewyrchiad yn yr echelin Y yw A i B

Adlewyrchiad yn y llinell Y = X yw A i C

Y Prawf Hollbwysig

DYSGWCH enwau'r Pedwar Trawsffurfiad a'r manylion am bob un ohonynt. Pan fyddwch yn meddwl eich bod yn eu gwybod, **cuddiwch y tudalen a'u hysgrifennu.**

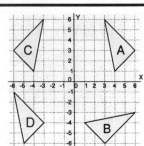

1) Disgrifiwch y trawsffurfiadau hyn **yn llawn**:
      A → B, B → C, C → A, A → D.

Matricsau

1) LLUOSI MATRICSAU

Mae hyn yn eithaf hawdd, ond yn hawdd i'w anghofio hefyd, felly bydd raid i chi gofio ymarfer.

$$\begin{pmatrix} A & B \\ C & D \end{pmatrix} \times \begin{pmatrix} 1 & 2 & 3 \\ 4 & 5 & 6 \end{pmatrix} = \begin{pmatrix} 2A + 5B \end{pmatrix}$$

← Mae'r 2 linell sy'n croestorri yn dweud wrthych **pa barau i'w lluosi a'u hadio** ar gyfer pob safle yn y matrics terfynol. Lluniwch y llinellau hyn os oes angen.

rhesi × colofnau: 2×2 2×3 2×3

1) Ni allwch luosi'r matricsau onid yw'r ddau rif hyn yr un fath.

2) Yna mae'r ddau rif **allanol** (y 2 a'r 3) yn rhoi dimensiynau'r matrics terfynol.

Enghraifft :

$$\begin{pmatrix} 1 & 3 \\ 5 & 7 \end{pmatrix} \times \begin{pmatrix} 2 & 6 \\ 0 & -4 \end{pmatrix} = \begin{pmatrix} (1 \times 2) + (3 \times 0) & (1 \times 6) + (3 \times -4) \\ (5 \times 2) + (7 \times 0) & (5 \times 6) + (7 \times -4) \end{pmatrix} = \begin{pmatrix} 2 & -6 \\ 10 & 2 \end{pmatrix}$$

2×2 2×2 2×2

2) Y MATRICS GWRTHDRO

Mae gan bob matrics $M = \begin{pmatrix} a & b \\ c & d \end{pmatrix}$

FATRICS GWRTHDRO M^{-1} a roddir gan:

$$M^{-1} = \frac{1}{ad - bc} \begin{pmatrix} d & -b \\ -c & a \end{pmatrix}$$

1) Mae'n llawer haws i'w gofio nag mae'n ymddangos: Yn syml cyfnewidiwch a a d a rhowch arwydd negatif (–) o flaen b ac c, ac ar gyfer y rhan ar y blaen, yn syml lluoswch y ddau bâr croeslinol.

2) Mae $\frac{1}{ad-bc}$ (ar y blaen) yn dod yn ffracsiwn syml sydd yn lluosi'r 4 elfen y tu mewn i'r matrics i roi'r matrics gwrthdro llawn.

ENGHRAIFFT:

Os yw $M = \begin{pmatrix} 1 & 2 \\ 3 & 4 \end{pmatrix}$ yna $M^{-1} = \dfrac{1}{(1\times4) - (2\times3)} \begin{pmatrix} 4 & -2 \\ -3 & 1 \end{pmatrix} = \dfrac{-1}{2} \begin{pmatrix} 4 & -2 \\ -3 & 1 \end{pmatrix} = \begin{pmatrix} -2 & 1 \\ {}^{3}/_{2} & {}^{-1}/_{2} \end{pmatrix}$

Ffordd dda o wirio hyn yw lluosi'r matrics gyda'i fatrics gwrthdro. Dylai hyn bob amser roi

MATRICS UNED (neu FATRICS UNFATHIANT) $I = \begin{pmatrix} 1 & 0 \\ 0 & 1 \end{pmatrix}$ Yn ffurfiol: $\boxed{M.M^{-1} = I}$

Mae hyn yn wir am UNRHYW fatrics a'i fatrics gwrthdro. Cofiwch nad yw lluosi â'r MATRICS UNFATHIANT yn **newid dim**.

Gallech ofyn **a oes unrhyw ddiben cael matrics nad yw'n gwneud dim**. $\begin{pmatrix} 1 & 0 \\ 0 & 1 \end{pmatrix}$,

Dyma'r ateb: Pe byddech yn cael cyfuniad o fatricsau sy'n rhoi
yna fe wyddoch bod y matricsau yn canslo'i gilydd.

Gall hyn fod yn **wybodaeth ddefnyddiol iawn** os gwyddoch sut i'w defnyddio.

Y Prawf Hollbwysig

DYSGWCH YR HOLL FANYLION PWYSIG AR Y TUDALEN HWN

Yna **cuddiwch y tudalen** ac ysgrifennwch nhw. Daliwch ati i ymarfer nes byddwch yn llwyddo.

Matricsau a Thrawsffurfiadau

Pum Pwynt Allweddol

1) Gellir gwneud **Cylchdroeon, Adlewyrchiadau a Helaethiadau** i gyd trwy **luosi matricsau** *(Mae trawsfudiadau yn wahanol – gweler isod)*

2) **Er mwyn gweithredu un o'r trawsffurfiadau hyn, LLUOSWCH:**

$$\begin{matrix} \mathbf{M} \\ \begin{bmatrix} 0 & 1 \\ -1 & 0 \end{bmatrix} \end{matrix} \begin{matrix} A & B & C \\ \begin{bmatrix} 2 & 4 & 4 \\ 1 & 1 & 3 \end{bmatrix} \end{matrix} = \begin{matrix} A' & B' & C' \\ \begin{bmatrix} 1 & 1 & 3 \\ -2 & -2 & -4 \end{bmatrix} \end{matrix}$$

A, B, C yw corneli'r siâp gwreiddiol.
A', B', C' yw corneli'r siâp ar ôl y trawsffurfiad.

Sylwch fod yn rhaid rhoi **cyfesurynnau'r corneli A, B, C fel colofnau** matrics a bod **colofnau'r matrics newydd** yn rhoi **safleoedd newydd** A, B, C, sef A', B' C'.
Dyma'r broses fwyaf sylfaenol ar gyfer matricsau a thrawsffurfiadau – gofalwch eich bod yn ei gwybod.

3) **DILYNIANT O DRAWSFFURFIADAU** – gellir **cyfuno'r rhain i roi un matrics trawsffurfiad** drwy eu **LLUOSI – ond yn y drefn sy'n** *ymddangos* **yn "anghywir"**.

Er enghraifft os yw siâp ABCD yn cael ei drawsffurfio gan fatrics **M** ac yna gan fatrics **N** dylid ysgrifennu hyn fel **N M** (ABCD), gyda'r trawsffurfiad cyntaf **M** yn newid y cyfesurynnau i ddechrau. Y canlyniad yw y gellir darganfod y matrics sengl ar gyfer y ddau drawsffurfiad gyda'i gilydd drwy gyfrifo **NM** yn hytrach nag **MN**.

4) Mae **"DEHONGLIAD GEOMETREGOL"** canlyniad yn haws nag y mae'n swnio. Yn syml, golyga **weld y cysylltiad** rhwng beth sy'n digwydd i'r siâp a chanlyniad y trawsffurfiadau matrics.

Er enghraifft gallai **M** fod yn adlewyrchiad yn echelin *y*, a dylai canlyniad lluosi **M** ag ef ei hun roi **I**, y matrics unfathiant. Gallwch roi **"dehongliad geometregol"** o hyn drwy ddweud y bydd **M²** yn ddau adlewyrchiad olynol yn echelin *y* **heb newid dim**.

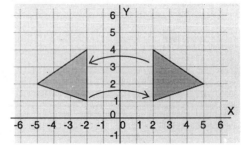

5) **TRAWSFUDIADAU**
Yn syml mae'r rhain yn golygu **ADIO fector/matrics** at gyfesurynnau pob pwynt.

Er enghraifft byddai trawsfudiad o $\begin{bmatrix} 3 \\ 4 \end{bmatrix}$ wedi ei gymhwyso i'r triongl A(2,1) B(4,1) C(4,3) yn cael ei ysgrifennu fel hyn:

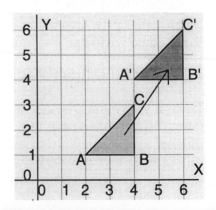

$$\begin{matrix} A & B & C \\ \begin{bmatrix} 2 & 4 & 4 \\ 1 & 1 & 3 \end{bmatrix} \end{matrix} + \begin{bmatrix} 3 & 3 & 3 \\ 4 & 4 & 4 \end{bmatrix} = \begin{matrix} A' & B' & C' \\ \begin{bmatrix} 5 & 7 & 7 \\ 5 & 5 & 7 \end{bmatrix} \end{matrix}$$

Y Prawf Hollbwysig

DYSGWCH y **Pum Pwynt Allweddol** ar y tudalen, yna **cuddiwch y tudalen ac ysgrifennwch nhw.**

1) Pa rai o'r pedwar trawsffurfiad sy'n galw am ddulliau matrics tebyg, a pha un sy'n wahanol?
2) Dangoswch y dull cyffredinol (gan ddefnyddio matricsau) o gymhwyso pob math o drawsffurfiadau i driongl A B C.

Matricsau a Thrawsffurfiadau

Cysylltu Trawsffurfiadau a Matricsau

Mae hyn yn llawer haws nag ydych yn ei feddwl, **os byddwch yn gwybod y dull arbennig hwn**

Mae **DAU BWYNT ARBENNIG**: A (1,0) a B(0,1), isod, y dylech eu gweld fel rhan o sgwâr:

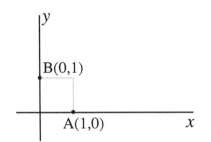

DYMA'R RHAN HOLLBWYSIG:

Bydd **COLOFNAU** unrhyw fatrics trawsffurfiad bob amser yn **GYFESURYNNAU A' a B' (h.y. LLE BYDD A a B AR ÔL Y TRAWSFFURFIAD)**

1) Darganfod y Matrics ar gyfer Trawsffurfiad Penodol

a) Lluniwch y ddau bwynt arbennig A a B a'u safleoedd newydd A' a B'
b) Ysgrifennwch gyfesurynnau A' a B' fel COLOFNAU'r matrics

ENGHRAIFFT: Darganfyddwch y matrics sy'n cynrychioli cylchdro 90° clocwedd o amgylch y tardd.

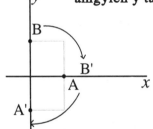

Bydd A a B yn amlwg yn cylchdroi i'w safleoedd newydd A'(0,-1) a B'(1,0) sy'n rhoi colofnau'r matrics trawsffurfiad:

$$\begin{array}{cc} A' & B' \\ \begin{bmatrix} 0 & 1 \\ -1 & 0 \end{bmatrix} \end{array}$$

Felly dyma'r matrics ar gyfer **cylchdro 90° clocwedd o amgylch y tardd** – hawdd yntê!

2) Darganfod Trawsffurfiad ar gyfer Matrics penodol

1) Unwaith eto lluniwch A a B a hefyd A' a B',
2) Ond y tro hwn ceir A' a B' yn uniongyrchol o golofnau'r matrics dan sylw,
3) Yna edrychwch ar y llun er mwyn penderfynu beth yw'r trawsffurfiad.

ENGHRAIFFT: Darganfyddwch y trawsffurfiad sy'n cael ei gynrychioli gan y matrics $\begin{bmatrix} 1 & 0 \\ 0 & -1 \end{bmatrix}$

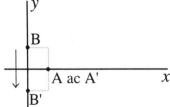

O golofnau'r matrics cawn gyfesurynnau A'(1,0) a B'(0,-1), ac ar ôl gwneud braslun (fel y dangosir yma) gallwch weld mai'r hyn a geir yw **adlewyrchiad yn echelin x**, – felly dyna'n union beth mae'r matrics gwreiddiol yn ei gynrychioli – hawdd!

Y Prawf Hollbwysig

DYSGWCH Y TUDALEN HWN, yna **cuddiwch y tudalen ac ysgrifennu'r holl fanylion.**

1) Cyfnewidiwch yr 1 a'r -1 yn y ddau fatrics uchod a darganfyddwch y ddau drawsffurfiad newydd.
2) Darganfyddwch y matrics ar gyfer   **a)** Adlewyrchiad yn y llinell $y = x$
   b) Helaethiad Ffactor Graddfa 2, canol (0,0).

32

Crynodeb Adolygu Adran 2

Efallai fod y cwestiynau hyn yn ymddangos yn anodd, **ond dyma'r math gorau o adolygu allwch chi ei wneud**. Holl bwrpas adolygu yw **darganfod y pethau nad ydych yn eu gwybod** ac yna eu dysgu **nes byddwch yn eu gwybod**. Mae'r cwestiynau anodd hyn yn dangos faint rydych chi'n ei wybod. Maent yn dilyn trefn y tudalennau yn Adran 2, felly mae'n ddigon hawdd i chi wirio unrhyw beth nad ydych yn ei wybod.

Daliwch ati i ddysgu'r ffeithiau sylfaenol hyn nes byddwch yn eu gwybod.

1) Beth yw polygonau rheolaidd? Beth yw eu nodweddion? Enwch y 6 chyntaf.
2) Beth wyddoch chi am eu cymesuredd?
3) Beth yw enwau eu dwy ongl allweddol? Beth yw'r fformwlâu ar gyfer darganfod yr onglau hyn?
4) Mae chwe fformwla ar gyfer arwynebedd y dylech eu gwybod yn syth. Beth ydynt?
5) Lluniwch gylch a dangoswch beth yw arc, sector, segment a chord.
6) Beth yw'r fformwla ar gyfer darganfod hyd arc? Pa fformwla arall sy'n debyg?
7) Beth yw'r tri cham ar gyfer darganfod arwynebedd segment?
8) Mae 5 fformwla y dylech eu gwybod ar gyfer darganfod cyfaint. Beth ydynt?
9) Beth yw'r tair rheol ar gyfer darganfod a yw fformwlâu yn cyfeirio at hyd, arwynebedd ynteu cyfaint?
10) Beth yw rhwyd? Beth yw'r cysylltiad rhyngddi ag arwynebedd?
11) Beth yw locws? Disgrifiwch y pedwar y dylech eu gwybod, gan ddefnyddio diagramau.
12) Dangoswch sut i lunio onglau 60° a 90° yn fanwl gywir.
13) Rhowch wyth rheol hawdd geometreg.
14) Rhowch bump o fanylion ychwanegol ynglŷn â llinellau paralel.
15) Beth yw naw rheol syml geometreg y cylch?
16) Beth yw nodiant tair llythyren?
17) Beth yw ystyr "cyfath" a "cyflun"?
18) Beth yw'r 2 reol ar gyfer penderfynu a yw dau driongl yn gyfath ai peidio?
19) Beth yw'r triongl fformwla ar gyfer siapiau cyflun?
20) Dangoswch sut mae hwn yn gweithio gan ddefnyddio'r enghraifft o lun wedi ei helaethu.
21) Lluniwch helaethiad nodweddiadol, gan ddangos y ddau fanylyn pwysig.
22) Enwch y tri math o ffactor graddfa a dywedwch beth yw canlyniad pob un.
23) Beth yw'r rheolau ynglŷn â hydoedd, arwynebeddau a chyfeintiau siapiau cyflun?
24) Beth yw ystyr CATH?
25) Faint o fanylion sydd raid eu nodi ar gyfer pob math o drawsffurfiad?
26) Pa rai yw'r manylion hyn ar gyfer pob trawsffurfiad?
27) Eglurwch beth yw'r rheolau ar gyfer lluosi matricsau.
28) Beth yw fformwla matrics gwrthdro?
29) Beth yw'r matrics uned? Beth mae'n wneud? Pa ddefnydd a wneir o'r matrics uned?
30) Pa weithrediad matrics a ddefnyddir er mwyn gwneud tri o'r trawsffurfiadau cyffredin?
31) Pa ddull matrics sy'n angenrheidiol ar gyfer y math arall o drawsffurfiad?
32) Sut allwch chi lunio dilyniant o drawsffurfiadau gan ddefnyddio matricsau?
33) Sut allwch chi ddarganfod yr un matrics sy'n cyfuno'r holl drawsffurfiadau heb ddefnyddio llun?
34) Beth am y "drefn anghywir"? Beth yw ystyr hynny?
35) Beth ddylech ei wneud pan ofynnir i chi am ddehongliad geometregol?
36) Beth yw'r ddau bwynt arbennig A a B? Beth yw pwrpas y rhain?
37) Ysgrifennwch y ddau gam i ddarganfod matrics trawsffurfiad arbennig.
38) Ysgrifennwch y tri cham i ddarganfod trawsffurfiad matrics arbennig.

Trionglau Fformwla

Efallai y byddwch wedi gweld y rhain mewn ffiseg yn barod. Maent yn **FFORDD DDA IAWN** o ymwneud â llawer o fformwlâu cyffredin yn **GYWIR A CHYFLYM**. Maent yn **HAWDD** ac felly gwnewch yn siŵr eich bod yn gwybod sut i'w defnyddio.

Penderfynu ar leoliad y llythrennau:

Os cysylltir 3 pheth trwy fformwla sy'n edrych fel hyn: $A = B \times C$ neu fel hyn $B = \dfrac{A}{C}$ **yna gellir eu rhoi mewn TRIONGL FFORMWLA:**

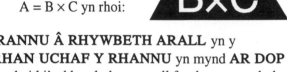

1) $A = B \times C$ Os oes **DWY LYTHYREN YN CAEL EU LLUOSI Â'I GILYDD** yn y fformwla, yna dylent gael eu gosod **AR WAELOD** y Triongl Fformwla. Felly rhaid i'r llythyren arall fynd ar y top. E.e. bydd y fformwla
$A = B \times C$ yn rhoi:

2) $B = \dfrac{A}{C}$ Os oes **UN PETH YN CAEL EI RANNU Â RHYWBETH ARALL** yn y fformwla, yna mae'r hyn sydd yn **RHAN UCHAF Y RHANNU** yn mynd **AR DOP Y TRIONGL FFORMWLA**. Felly rhaid i'r ddwy lythyren arall fynd ar y gwaelod – does dim ots ym mha drefn. E.e. bydd y fformwla $B = A/C$ yn rhoi yr un triongl fformwla â'r triongl fformwla uchod.

Defnyddio'r Triongl Fformwla

1) **CUDDIWCH** yr hyn rydych eisiau ei ddarganfod ac **YSGRIFENNWCH** yr hyn sydd ar ôl.
2) **YSGRIFENNWCH Y GWERTHOEDD** ar gyfer y ddau beth arall a **CHYFRIFWCH YR ATEB**.

Enghraifft Bwysig:

DWYSEDD = MÀS ÷ CYFAINT

Efallai eich bod yn meddwl mai ffiseg yw hyn, ond mae dwysedd yn rhan o'r maes llafur mathemateg, ac rydych yn debygol iawn o'i gael yn yr arholiad.

Y fformwla safonol ar gyfer dwysedd yw: Dwysedd = Màs/Cyfaint.

Felly gallwn ei roi mewn **TRIONGL FFORMWLA** fel hyn:

Mae'n **RHAID** i chi gofio'r fformwla hon ar gyfer dwysedd.

Enghraifft: Darganfyddwch gyfaint gwrthrych a chanddo fàs o 40g a dwysedd o 6.4g/cm³

ATEB: I darganfod y cyfaint, **cuddiwch C** yn y triongl fformwla.
Mae hyn yn gadael M/D, felly $C = M \div D = 40 \div 6.4 = \mathbf{6.25cm^3}$

Y Prawf Hollbwysig

DYSGWCH y **2 Reol** ar gyfer llunio Trionglau Fformwla, y **2 Reol** ar gyfer eu defnyddio, a'r **Fformwla** ar gyfer **Dwysedd**. Yna cuddiwch y tudalen a'u **hysgrifennu oddi ar eich cof.**

1) Cyfaint gwrthrych metel yw **45cm³** a'i fàs yw **743g**. Beth yw ei ddwysedd?
2) Cyfaint darn arall o'r un metel yw **36.5cm³**. Beth yw ei fàs?
3) Beth yw'r trionglau fformwla ar gyfer   **a)** $F = m \times a$ **b)** $P = F/A$ **c)** $V = I \times R$?

Buanedd, Pellter ac Amser

Mae hyn yn rhywbeth cyffredin iawn – ond dydych chi byth yn cael y fformwla!
Dysgwch hi **o flaen llaw** – mae'n ffordd hawdd o **ennill marciau**.

1) Y Triongl Fformwla

I'ch helpu mae yna **DRIONGL FFORMWLA**:

Enghraifft: Mae car yn teithio 90 milltir ar fuanedd o 36 milltir yr awr.
Faint o amser mae'r daith yn ei gymryd?

ATEB: I ddarganfod yr **AMSER, cuddiwch A** yn y triongl fformwla.
Mae hyn yn gadael P / B = Pellter ÷ Buanedd = 90 ÷ 36 = **2.5 awr**

> OS **DYSGWCH Y TRIONGL FFORMWLA**, BYDD CWESTIYNAU BUANEDD,
> PELLTER AC AMSER YN **HAWDD IAWN**.

2) Unedau – Gwneud yn siŵr eu bod yn gywir

Mae **unedau** yn golygu pethau fel **cm, m, m/s, km²**, etc. a rhaid i chi **ganolbwyntio** arnynt wrth **ysgrifennu atebion**. Wrth ddefnyddio FFORMWLA mae un peth arbennig y dylech ei wybod. Mae'n ddigon syml ond **mae'n rhaid i chi ei wybod**:

> Mae'r **UNEDAU** gewch chi allan o fformwla **YN DIBYNNU'N HOLLOL**
> ar yr **UNEDAU** rydych yn eu rhoi i mewn

Er enghraifft, os ydych yn rhoi **pellter mewn cm** ac **amser mewn eiliadau** yn y triongl fformwla er mwyn darganfod BUANEDD, bydd yr ateb mewn **cm yr eiliad** (cm/s).

Os yw'r **amser mewn oriau** a'r **buanedd mewn milltiroedd yr awr** (m.y.a.) yna bydd y pellter mewn **milltiroedd**. Mae'n eithaf syml wrth i chi feddwl am y peth.

> ### Ond Peidiwch â Chymysgu Unedau
> E.e. Peidiwch â chymysgu **Milltiroedd yr AWR** mewn fformwla ag **amser mewn MUNUDAU** (trawsnewidiwch yr ateb yn oriau).
> Peidiwch â chymysgu **DWYSEDD MEWN g/cm³** mewn fformwla â **MÀS MEWN kg** (trawsnewidiwch yr ateb yn **g**).

Enghraifft: Mae bachgen yn cerdded **800m mewn 10 munud**.
Darganfyddwch ei fuanedd mewn km/awr.

ATEB: Os ydych yn cyfrifo "800m ÷ 10 munud" bydd yr ateb yn rhoi'r buanedd, ond bydd mewn **metrau y funud** (m/mun). Yn lle hynny rhaid i chi **DRAWSNEWID**:
800m = **0.8km**, 10 mun = **0.1667 awr** (munudau ÷ 60).
Yna gallwch rannu 0.8km â 0.1667 awr i gael **4.8 km/awr**.

Y Prawf Hollbwysig

> **DYSGWCH Y TUDALEN HWN,** yna **cuddiwch y tudalen a chrynhowch** bob topig, gan roi enghreifftiau. **Daliwch ati nes byddwch yn llwyddo.**

1) Yn gyntaf edrychwch ar t.11 i'ch atgoffa eich hun ac yna darganfyddwch yr amser a gymerwyd, mewn oriau, munudau ac eiliadau, i fyffalo trwyn porffor gerdded 5.2km ar gyflymder o 3.2km/a.
2) Nawr, darganfyddwch pa mor bell fyddai'n teithio mewn 35 munud a 25 eiliad. Rhowch yr ateb mewn km a m.

Graffiau P/A a Graffiau C/A

Mae cwestiynau ar **graffiau Pellter–Amser** a **graffiau Cyflymder–Amser** mor gyffredin mewn arholiadau fel eu bod yn haeddu tudalen cyfan **er mwyn gwneud yn siŵr eich bod yn gwybod yr holl fanylion hanfodol**. Y peth gorau ynglŷn â nhw yw nad ydynt yn amrywio llawer a'u bod yn hawdd.

1) Graffiau Pellter–Amser

Cofiwch y 4 pwynt pwysig hyn:

1) Ar unrhyw bwynt, **GRADDIANT = BUANEDD**, ond cofiwch am yr UNEDAU.

2) Ar **GRAFF CRWM** dylech lunio **TANGIAD** er mwyn cyfrifo'r **BUANEDD** (graddiant) ar bwynt penodol.

3) **MWYAF SERTH** yw'r graff, **MWYAF CYFLYM** yw'r mudiant.

4) Yn **RHANNAU FFLAT** y graff, nid oes **SYMUDIAD**.

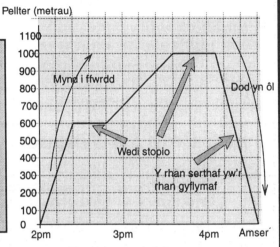

ENGHRAIFFT: **Beth yw buanedd y rhan "dod yn ôl" ar y graff a ddangosir?**

Buanedd = graddiant = 1000m/30 munud = 33.33 **m/munud**

Mae braidd yn wirion defnyddio m/munud, felly, yn hytrach defnyddiwch:

1km ÷ 0.5 awr = **2 km/awr**   (Gweler t. 34 ar Unedau)

2) Graffiau Cyflymder–Amser

Gall **graff Cyflymder–Amser YMDDANGOS** yn union fel **graff Pellter–Amser** ond mae'n golygu rhywbeth **hollol wahanol**. Mae'r graff a ddangosir yma yn union yr un SIÂP â'r graff uchod, **ond mae'r symudiadau yn hollol wahanol**.

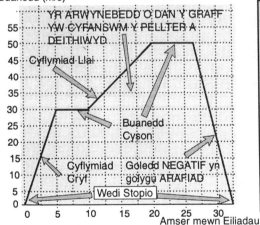

Cofiwch y 5 pwynt pwysig hyn:

1) Ar unrhyw bwynt, **GRADDIANT = CYFLYMIAD**, (Yr UNEDAU yw m/s², cofiwch)

2) Ar gyfer **GRAFF CRWM** dylech lunio **TANGIAD** er mwyn cyfrifo'r **CYFLYMIAD** (graddiant) ar bwynt penodol.

3) Mae **GRADDIANT NEGATIF** yn golygu **ARAFIAD**.

4) Mae'r **RHANNAU FFLAT** yn golygu **BUANEDD CYSON**.

5) **YR ARWYNEBEDD O DAN Y GRAFF = Y PELLTER A DEITHIWYD**

Mae'r graff P/A yn dangos rhywbeth **yn symud i ffwrdd ac yn dod yn ôl unwaith eto** â buaneddau cyson a chyfnodau hir o aros, fel **MUL AR Y TRAETH YN Y RHYL**. Mae'r graff C/A ar y llaw arall yn dangos rhywbeth sy'n **dechrau symud ar ôl bod yn llonydd**, yn **cyflymu'n gryf**, yn **cynnal ei fuanedd**, yna'n **cyflymu eto nes cyrraedd buanedd macsimwm** y mae'n ei gynnal am beth amser ac yna'n **stopio'n sydyn iawn ar y diwedd**. TEBYCACH I **GAR RASIO NA MUL!**

Y Prawf Hollbwysig

DYSGWCH Y **9 PWYNT PWYSIG** a'r **DDAU DDIAGRAM**, yna cuddiwch y tudalen a'u hysgrifennu.

1) Ar gyfer y graff P/A uchod, cyfrifwch y buanedd yn y rhan ganol mewn km/a.

2) Ar gyfer y graff C/A, cyfrifwch y tri chyflymiad gwahanol a'r ddau fuanedd cyson.

Ffurf Indecs Safonol

Mae **Ffurf Safonol** a **Ffurf Indecs Safonol** yn golygu'r UN PETH.
Felly cofiwch y ddau enw hyn yn ogystal â chofio'r **ystyr**:

Rhif cyffredin: 4,300,000   **Yn y Ffurf Safonol:** 4.3×10^6

Yr unig adeg y bydd y ffurf safonol yn ddefnyddiol iawn yw ar gyfer **ysgrifennu rhifau MAWR IAWN neu rifau BACH IAWN** mewn dull mwy cyfleus, e.e.

Byddai   56,000,000,000   yn 5.6×10^{10} yn y ffurf safonol.
Byddai   0.000 000 003 45   yn 3.45×10^{-9} yn y ffurf safonol.

Ond gellir ysgrifennu **UNRHYW RIF** yn y ffurf safonol **o wybod sut i wneud hynny**:

Dyma Beth i'w Wneud:

Rhaid i rif sydd wedi'i ysgrifennu yn y ffurf safonol fod **BOB AMSER** yn y ffurf hon **YN UNION**:

$$A \times 10^n$$

Rhaid i'r **rhif** hwn fod **RHWNG 1 a 10** bob amser
(Ffordd arall o ddweud hyn yw:
"$1 \le A < 10$" – weithiau bydd hyn yn cael ei ddefnyddio mewn cwestiynau arholiad – cofiwch ei ystyr.)

Mae'r rhif hwn yn nodi **NIFER Y LLEOEDD** mae'r Pwynt Degol yn symud.

Dysgwch y Tair Rheol:

1) Rhaid i'r **rhif blaen** fod **RHWNG 1 a 10** bob amser

2) Mae'r pŵer 10, sef *n*, yn golygu: **PA MOR BELL MAE'R P.D. YN SYMUD**

3) Mae *n* yn **+if i rifau MAWR**,   mae *n* yn **–if i rifau BACH**
   (Mae hyn yn llawer gwell na'r rheolau sydd wedi'u seilio ar ba ffordd mae'r P.D. yn symud.)

Enghreifftiau Syml:

1)   "Mynegwch 35 600 yn y ffurf safonol."

Dull:
1) Symudwch y P.D. nes bydd 35 600 yn 3.56 ($1 \le A < 10$)
2) Mae'r P.D. wedi symud 4 lle, felly mae $n = 4$, sy'n rhoi: 10^4
3) Mae 35 600 yn rhif MAWR, felly mae $n = +4$, ac nid –4

ATEB:
$3.5600. = 3.56 \times 10^4$

2)   "Mynegwch 0.000623 yn y ffurf safonol."

Dull:
1) Rhaid symud y P.D. **4 lle i roi 6.23** ($1 \le A < 10$)
2) Felly pŵer y 10 yw 4
3) Gan fod 0.000623 yn **RHIF BYCHAN**, rhaid mai 10^{-4} ydyw, nid 10^{+4}.

ATEB:
0.000623
$= 6.23 \times 10^{-4}$

Ffurf Indecs Safonol

Pedair Enghraifft Bwysig Iawn

1) Modd Gwyddonol y Cyfrifiannell

Mae'r modd hwn **yn rhoi pob rhif yn ei ffurf safonol** i nifer penodol o ffigurau ystyrlon.

Ar y rhan fwyaf o gyfrifianellau Casio rydych yn pwyso (MODE) (8) (8) i gael y modd Gwyddonol a (MODE) (9) i ddod allan ohono. (Mae'r ail 8 yn golygu 8 ffigur ystyrlon – pwyswch (MODE) (8) (4) a sylwch ar y gwahaniaeth.)
Ar gyfrifianellau eraill chwiliwch am fotwm â "SCI" uwch ei ben fel 2il neu 3ydd ffwythiant.

Yn yr arholiad dylech ddefnyddio'ch cyfrifiannell gymaint â phosibl – y drwg yw bod y rhan fwyaf o gwestiynau arholiad wedi eu llunio'n arbennig i geisio osgoi defnyddio cyfrifiannell, er mwyn profi eich dealltwriaeth gyffredinol.

2) Beth yw 146.3 miliwn yn y ffurf safonol?

Y ddau ateb anghywir mwyaf poblogaidd ar gyfer hwn yw:

1) "146.3×10^6" sydd yn iawn mewn ffordd ond nid yw yn y **FFURF SAFONOL** gan nad yw 146.3 rhwng 1 a 10 (h.y. nid yw "$1 \leq A < 10$" wedi ei ystyried)

2) "1.463×10^6" Mae hwn **yn y ffurf safonol** ond nid yw'n ddigon mawr.

Mae hwn yn gwestiwn arholiad nodweddiadol ac mae **gormod o bobl yn ei gael yn anghywir. Cymerwch bwyll** a gwnewch y gwaith **MEWN DAU GAM** fel hyn:

ATEB: 146.3 miliwn $= 146,300,000 = 1.463 \times 10^8$

3) Cofiwch fod 10^5 yn golygu 1×10^5

Felly, i fewnbynnu 10^5 i'r cyfrifiannell rhaid i chi gofio mai 1×10^5 sydd yma a phwyso (1) (EXP) (5) (Gweler t. 11)

Enghraifft: "Mae nanometr yn 10^{-9} m. Faint o nanometrau sydd mewn 0.35m?"
ATEB: $0.35 \div (1 \times 10^{-9})$, felly pwyswch (0.35) (÷) (1) (EXP) (9) (+/-) (=) $= 3.5 \times 10^8$.

4) Enw ffansi ar 10^{100} yw "Gwgol"

Mae'r Gwgol yn creu trafferth gan ei fod y tu hwnt i raddfa'r cyfrifiannell, felly rhaid i chi wneud y gwaith ar bapur. Felly gwnewch yn siŵr eich bod yn DYSGU'R enghraifft hon:

"Mynegwch 56 Gwgol yn y ffurf safonol."

ATEB: 56 Gwgol yw $56 \times 10^{100} = 5.6 \times 10 \times 10^{100} = 5.6 \times 10^{101}$
Sylwer: rydych yn hollti 56 yn 5.6×10 ac yna'n **CYFUNO PWERAU 10** (Gweler t. 38)

Y Prawf Hollbwysig

DYSGWCH y **Tair Rheol** a'r **Pedair Enghraifft Bwysig**, yna cuddiwch y tudalen ac ysgrifennwch y rhain.

1) Mynegwch 0.854 miliwn a 0.00018 yn y ffurf indecs safonol.
2) Mynegwch 4.56×10^{-3} a 2.7×10^5 fel rhifau cyffredin.
3) **a)** Cyfrifwch $3.2 \times 10^7 \div 1.6 \times 10^{-4}$. **b)** Sawl nanometr sydd mewn 10^{-1}m?
4) Ysgrifennwch 650 Gwgol yn y Ffurf Safonol.

Pwerau ac Israddau

Mae pwerau yn llaw-fer ddefnyddiol iawn: $2 \times 2 \times 2 \times 2 \times 2 \times 2 \times 2 = 2^7$ ("dau i'r pŵer 7")

Mae'r darn hwn yn hawdd ei gofio. Yn anffodus, mae **DEG RHEOL ARBENNIG** ar gyfer pwerau ac nid yw'r rhain mor hawdd, ond **bydd angen i chi eu gwybod ar gyfer yr arholiad**:

Y Saith Rheol Syml:

1) Wrth **LUOSI**, rydych yn **ADIO'r pwerau**   e.e. $3^4 \times 3^6 = 3^{6+4} = 3^{10}$
2) Wrth **RANNU**, rydych yn **TYNNU'r pwerau**   e.e. $5^4 \div 5^2 = 5^{4-2} = 5^2$
3) Wrth **GODI pŵer i bŵer arall**, rydych yn **LLUOSI**   e.e. $(3^2)^4 = 3^{2 \times 4} = 3^8$
4) $x^1 = x$, **RHIF I'R PŴER 1 yw'r RHIF EI HUN**   e.e. $3^1 = 3$, $6 \times 6^3 = 6^4$
5) $x^0 = 1$, **RHIF I'R PŴER 0 yw 1**   e.e. $5^0 = 1$ $67^0 = 1$
6) $1^x = 1$, **1 i UNRHYW BŴER yw 1**   e.e. $1^{23} = 1$ $1^{89} = 1$ $1^2 = 1$
7) **FFRACSIWN** – Gweithredu'r pŵer i'r **TOP a'r GWAELOD**   e.e. $\left(1\frac{3}{5}\right)^3 = \left(\frac{8}{5}\right)^3 = \frac{8^3}{5^3} = \frac{512}{125}$

Y Tair Rheol Anodd:

8) Pwerau NEGATIF – Trowch â'i BEN I LAWR

Mae pobl yn cael cryn drafferth i gofio hyn. Bob tro y gwelwch bŵer negatif dylech feddwl yn awtomatig fel hyn: "Mae hyn yn golygu bod yn rhaid i mi ei droi â'i ben i lawr er mwyn gwneud y pŵer yn bositif"

Fel hyn: e.e. $7^{-2} = \frac{1}{7^2} = \frac{1}{49}$ $\left(\frac{3}{5}\right)^{-2} = \left(\frac{5}{3}\right)^{+2} = \frac{5^2}{3^2} = \frac{25}{9}$

9) Mae PWERAU FFRACSIYNOL yn golygu un peth: ISRADDAU

Mae'r Pŵer $\frac{1}{2}$ yn golygu **Ail Isradd**,   e.e. $25^{1/2} = \sqrt{25} = 5$

Mae'r Pŵer $\frac{1}{3}$ yn golygu **Trydydd Isradd**,   e.e. $64^{1/3} = \sqrt[3]{64} = 4$

Mae'r Pŵer $\frac{1}{4}$ yn golygu **Pedwerydd Isradd** etc.   e.e. $81^{1/4} = \sqrt[4]{81} = 3$ etc.

Cofiwch fod yn ofalus gyda **ffracsiynau negatif** fel $49^{-1/2}$. Mae llawer o bobl yn drysu yma ac yn meddwl mai'r ail isradd yw'r minws, ac yn anghofio ei droi â'i ben i lawr hefyd.

10) PWERAU FFRACSIYNOL DAU GAM

Mae cwestiynau ar y rhain yn gyffredin mewn arholiadau, felly dysgwch y dull:
Gyda phwerau ffracsiynol fel $64^{5/6}$ **HOLLTWCH Y FFRACSIWN** bob amser yn **ISRADD a PHŴER**, a dilyn y drefn honno: yr **ISRADD** yn gyntaf, yna'r **PŴER**: $(64)^{1/6 \times 5} = (64^{1/6})^5 = (2)^5 = 32$

GALLWCH WIRIO'R RHAN FWYAF O ATEBION Â'CH CYFRIFIANNELL gan ddefnyddio'r botwm ffracsiwn a'r botwm pwerau, **OND** peidiwch â gwneud y camgymeriad gwirion o feddwl y gallwch wneud popeth ar eich cyfrifiannell a pheidio â dysgu'r holl reolau hyn.
     E.e. "Os yw $27 = 81^{a/b}$, mynegwch y ffracsiwn a/b yn ei ffurf fwyaf syml"
                    Ceisiwch ddefnyddio'ch cyfrifiannell i wneud hynny!

Y Prawf Hollbwysig

DYSGWCH y **Deg Rheol** sydd ar y tudalen hwn. Yna **cuddiwch** y tudalen ac **ysgrifennwch nhw**. Daliwch ati nes byddwch yn llwyddo.

1) Symleiddiwch: **a)** $3^2 \times 3^6$ **b)** $4^3 / 4^2$ **c)** $(8^3)^4$ **ch)** $(3^2 \times 3^3 \times 1^6)/3^5$ **d)** $7^3 \times 7 \times 7^2$

2) Enrhifwch: **a)** $(1/4)^{-3}$ **b)** 25^{-2} **c)** $25^{-1/2}$ **ch)** $\left(\frac{27}{216}\right)^{-1/3}$ **d)** $625^{3/4}$ **dd)** $125^{-2/3}$

3) Defnyddiwch eich cyfrifiannell (t. 9) i ddarganfod: **a)** 5.2^{24} **b)** $40^{3/4}$ **c)** $\sqrt[5]{200}$

Theorem Pythagoras a Chyfeiriannau

Theorem Pythagoras — $a^2 + b^2 = h^2$

1) Mae **THEOREM PYTHAGORAS** yn mynd law yn llaw â SIN, COS a TAN gan eu bod yn ymwneud â **THRIONGLAU ONGL SGWÂR**.

2) Ond **NID YW THEOREM PYTHAGORAS YN TRAFOD ONGLAU O GWBL**. Mae'n defnyddio **dwy ochr** triongl i ddarganfod y **drydedd ochr**. (Mae SIN, COS a TAN bob amser yn trafod **ONGLAU**.)

3) Y **FFORMWLA SYLFAENOL** ar gyfer theorem Pythagoras yw:

$$a^2 + b^2 = h^2$$

4) **RHOWCH RIFAU** yn lle **LLYTHRENNAU** a chyfrifwch yr ateb.

5) **RHOWCH Y RHIFAU YN Y LLEOEDD CYWIR**. Mae'r 2 ochr fyrraf wedi eu sgwario yn adio i roi sgwâr yr ochr hiraf.

6) **Gwiriwch bob amser fod eich ateb yn gwneud synnwyr.**

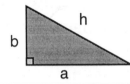

Enghraifft   **Darganfyddwch hyd ochr anhysbys y triongl hwn.**

Ateb: $a^2 + b^2 = h^2$ $\therefore\ x^2 = 25 - 9 = 16$

$\therefore\ 3^2 + x^2 = 5^2$ $\therefore\ x = \sqrt{16} = 4m$

$\therefore\ 9 + x^2 = 25$ (Ydy hwn yn ateb sy'n gwneud synnwyr?"

"YDY", gan ei fod ychydig yn llai na 5m)

Cyfeiriannau

I blotio neu ddarganfod cyfeiriant rhaid cofio'r **tri gair allweddol:**

1) "ODDI WRTH"   **Chwiliwch am y gair "O" neu "ODDI WRTH" yn y cwestiwn**, a rhowch eich pensil ar y diagram ar y pwynt yr ydych yn mynd "**oddi wrtho**".

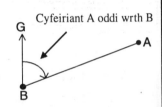

2) LLINELL Y GOGLEDD   **Lluniwch LINELL Y GOGLEDD** yn y pwynt yr ydych yn mynd "**oddi wrtho**".

3) CLOCWEDD   Nawr lluniwch yr ongl yn **GLOCWEDD** o linell y gogledd i'r llinell **sy'n cysylltu'r ddau bwynt. Yr ongl hon yw'r CYFEIRIANT.**

Enghraifft

Darganfyddwch gyfeiriant Q oddi wrth P:

1) "**Oddi wrth** P"

2) **Llinell y Gogledd** yn P

3) **Clocwedd** o linell y gogledd. Yr ongl hon yw **cyfeiriant Q oddi wrth P** ac mae'n **245°**.

Rhaid rhoi pob cyfeiriant fel 3 ffigur, e.e. 176°, 034° (nid 34°), 005° (nid 5°), 018° etc.

Y Prawf Hollbwysig

DYSGWCH y **6 ffaith** am **Theorem Pythagoras** a'r **3 gair allweddol** am gyfeiriannau. **Cuddiwch y tudalen a'u hysgrifennu.**

1) Darganfyddwch hyd BC.
2) Darganfyddwch gyfeiriant T oddi wrth H trwy fesur y diagram ag onglydd.
3) CYFRIFWCH gyfeiriant H oddi wrth T.

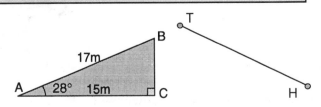

Trigonometreg – SIN, COS, TAN

Mae yna amryw o ddulliau o wneud trigonometreg ac maent i gyd fwy neu lai yr un fath. Fodd bynnag mae **nifer o fanteision i'r dull a ddangosir isod**, a hynny'n bennaf oherwydd bod y **trionglau fformwla** yn golygu mai'r un dull a ddefnyddir bob tro (does dim gwahaniaeth am ba ochr neu ongl y gofynnir). **Mae hyn yn gwneud popeth yn llawer symlach**, ac unwaith y dysgwch y dull hwn, byddwch yn llwyddo i gael yr atebion cywir bob tro yn awtomatig.

Dull

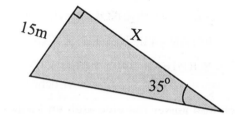

1) **Labelwch y tair ochr yn C, A a H**
   (Cyferbyn, Agos a Hypotenws)

2) **COFIWCH**: "SIN yw C dros H"
   "COS yw A dros H"
   "TAN yw C dros A"

3) **Penderfynwch PA DDWY OCHR sydd dan sylw**   C,H   A,H   neu   C,A
   ac yna dewiswch yr ymadrodd cywir o'r uchod

4) **Trowch yr un rydych yn ei ddewis yn DRIONGL FFORMWLA**, felly:

   "SIN yw C dros H"   "COS yw A dros H"   "TAN yw C dros A"

5) **Cuddiwch yr hyn rydych am ei ddarganfod**   (â'ch bys)
   ac ysgrifennwch beth bynnag sydd ar ôl i'w weld.

6) **Rhowch rifau yn lle'r llythrennau a chyfrifwch yr ateb.**

7) **Yn olaf, gwiriwch fod eich ateb yn GWNEUD SYNNWYR.**

Rhai Manylion Pwysig

1) **HYPOTENWS** yw'r **OCHR HIRAF, CYFERBYN** yw'r ochr **GYFERBYN â'r ongl a ddefnyddir** (θ), **AGOS** yw'r ochr **AGOSAF at yr ongl a ddefnyddir.**

2) **Yn y triongl fformwla**, mae S^θ yn cynrychioli SIN θ, C^θ yn cynrychioli COS θ a T^θ yn cynrychioli TAN θ.

3) **I DDARGANFOD ONGL – DEFNYDDIWCH Y GWRTHDRO.** h.y. pwyswch (INV) neu (SHIFT) neu (2nd) gan ei ddilyn â SIN, COS neu TAN (a gwnewch yn siŵr fod eich cyfrifiannell yn y modd DEG).

4) Dim ond gyda **THRIONGLAU ONGL SGWÂR** y gallwch ddefnyddio SIN, COS a TAN – efallai y bydd yn rhaid i chi ychwanegu llinellau at y diagram i ffurfio triongl ongl sgwâr – yn arbennig at **drionglau isosgeles**.

Y Prawf Hollbwysig

DYSGWCH **7 Cam y Dull** a'r 4 Manylyn Pwysig. Yna cuddiwch y tudalen ac ysgrifennwch y rhain oddi ar eich cof.

Mae ymarfer trwy ddefnyddio hen gwestiynau arholiad yn bwysig iawn, ond prif bwrpas gwneud hynny yw gwirio a chadarnhau'r dulliau **rydych wedi eu dysgu eisoes**. Peidiwch â meddwl mai gwastraff amser yw dysgu'r 7 cam yma. **Os na fyddwch yn eu gwybod yn drwyadl, yna byddwch yn dal i gael cwestiynau yn anghywir.**

Trigonometreg – SIN, COS, TAN

ENGHRAIFFT 1) Darganfyddwch *x* yn y triongl a ddangosir.

1) Labelwch C, A, H

2) Y ddwy ochr **dan sylw** yw: C, H

3) Felly defnyddiwch

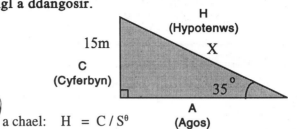

4) Mae angen H, felly rhowch eich bys ar H a chael: $H = C / S^\theta$

5) Rhowch rifau: $x = 15 / \sin 35$

Pwyswch (15) (÷) (35) (SIN) (=) (26.151702)   Felly, yr ateb = **26.2m**

6) A yw'r ateb yn synhwyrol? Ydyw, mae tua dwywaith **15**, fel yr awgryma'r diagram.

ENGHRAIFFT 2) **Darganfyddwch θ yn y triongl hwn:**

Y ffordd arferol o ymwneud â **THRIONGL ISOSGELES** yw ei hollti i lawr ei ganol i gael **ONGL SGWÂR**:

1) Labelwch C, A, H

2) Y ddwy ochr **dan sylw** yw: A, H

3) Felly defnyddiwch

4) Mae angen θ, felly rhowch eich bys ar C^θ a chael: $C^\theta = A / H$

5) Rhowch rifau: $\cos \theta = 15 / 25 = 0.6$

NAWR DEFNYDDIWCH WRTHDRO: $\theta = $ INV COS (0.6)

Pwyswch (0.6) (INV) (COS) = (53.130102)   Felly, yr ateb = **53.1°**

6) A yw'r ateb yn synhwyrol? Ydyw, mae'r ongl yn edrych tua 50°.

Onglau Codi a Gostwng

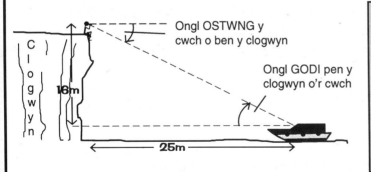

Ongl OSTWNG y cwch o ben y clogwyn

Ongl GODI pen y clogwyn o'r cwch

1) Yr **ONGL OSTWNG** yw'r ongl TUAG I LAWR o'r llorwedd.

2) Yr **ONGL GODI** yw'r ongl TUAG I FYNY o'r llorwedd.

3) Mae'r Ongl Godi yn **HAFAL** i'r Ongl Ostwng.

Y Prawf Hollbwysig

Rhaid i chi ymarfer y ddau gwestiwn hyn nes byddwch yn gallu defnyddio'r dull yn rhwydd **heb gymorth y nodiadau.**

1) Darganfyddwch X

2) Darganfyddwch θ

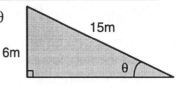

3) Cyfrifwch yr onglau codi a gostwng yn y llun uchod o'r cwch.

Rheolau Sin a Cosin

Dim ond gyda thrionglau onglau sgwâr y gellir defnyddio rheolau trigonometreg cyffredin sef "SIN yw C dros H", "COS yw A dros H" a "TAN yw C dros A". Ar y llaw arall mae **Rheolau Sin a Cosin** yn caniatáu i chi ddelio ag **unrhyw driongl** – a gwneud hynny'n rhwydd.

Labelu'r Triongl

Mae hyn yn bwysig iawn. Mae'n rhaid i chi labelu'r ochrau a'r onglau yn gywir fel bod yr ochrau a'r onglau yn cyfateb â'i gilydd:

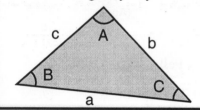

Cofiwch fod **ochr "a" gyferbyn ag ongl A**, etc.

Does dim ots pa ochrau rydych yn penderfynu eu galw'n **a**, **b** ac **c**, cyn belled â bod yr onglau, yn ôl eu trefn, yn cael eu labelu'n gywir.

Dwy Fformwla i'w Dysgu:

Mae'r rhain yn bâr o fformwlâu eithaf rhyfedd yr olwg – ond peidiwch â dychryn! Cyn gynted ag y byddwch yn gwybod sut i'w defnyddio, byddant yn union fel unrhyw fformwla arall – rhoi'r rhifau i mewn, cyfrifo ac yna daw'r ateb.

Y Rheol Sin

Nid ydych yn defnyddio'r holl fformwla gyda'r ddau arwydd "=" wrth gwrs. Defnyddiwch y rhannau rydych chi eu hangen:

$$\frac{a}{SIN\ A} = \frac{b}{SIN\ B} = \frac{c}{SIN\ C}$$

e.e. $\dfrac{b}{SIN\ B} = \dfrac{c}{SIN\ C}$ neu $\dfrac{a}{SIN\ A} = \dfrac{b}{SIN\ B}$

Y Rheol Cosin

$$a^2 = b^2 + c^2 - 2bc\ COS\ A$$

$$\text{neu}\ \ COS\ A = \frac{b^2 + c^2 - a^2}{2bc}$$

Dylech DDYSGU'R tair fformwla hyn ar eich cof. Os na fedrwch, ni fyddwch yn gallu eu defnyddio'n llwyddiannus yn yr arholiad, hyd yn oed os byddant yn cael eu rhoi i chi.

Pa Reol i'w Defnyddio?

1) Yn sylfaenol, mae'r **RHEOL SIN** yn **llawer symlach**, felly rhowch gynnig arni yn gyntaf bob amser **OS YN BOSIBL**.

2) Fel arfer, fodd bynnag, **nid oes gennych lawer o ddewis**.

Y newydd da yw mai dim ond **PEDWAR** cwestiwn sylfaenol sydd. Bydd angen defnyddio'r RHEOL SIN ar gyfer **DAU** ohonynt a bydd angen defnyddio'r **RHEOL COSIN** ar gyfer y DDAU arall, fel y dangosir ar y tudalen nesaf. Fodd bynnag, cyn gynted ag y byddwch yn gwybod **4 DARN O DDATA** (e.e. 2 ochr a 2 ongl triongl, neu 3 ochr ac 1 ongl triongl) yna bydd yn hawdd cyfrifo'r gweddill (gan ddefnyddio'r RHEOL SIN os oes modd).

Y Prawf Hollbwysig

DYSGWCH y labelu priodol, y Ddwy Fformwla, a **sut i benderfynu pa reol i'w defnyddio**.

Cuddiwch y tudalen ac ysgrifennwch yr holl wybodaeth sydd ar y tudalen hwn.

Rheolau Sin a Cosin

Labelu'r Triongl

Yn rhyfedd ddigon **DIM OND PEDWAR** cwestiwn sydd lle gellir defnyddio rheolau SIN a COSIN.
Dysgwch bob manylyn yn y pedair enghraifft sylfaenol hyn:

1) DWY ONGL wedi eu rhoi a hefyd UNRHYW OCHR:
– ANGEN RHEOL SIN

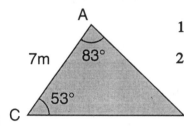

1) Peidiwch ag anghofio'r hyn sy'n amlwg: $B = 180 - 83 - 53 = \mathbf{44°}$

2) Yna defnyddiwch $\dfrac{b}{SIN\ B} = \dfrac{c}{SIN\ C} \Rightarrow \dfrac{7}{SIN\ 44} = \dfrac{c}{SIN\ 53}$

3) Sy'n rhoi $\Rightarrow c = \dfrac{7 \times SIN\ 53}{SIN\ 44} = \mathbf{8.05m}$

Mae'r gweddill yn hawdd os defnyddiwch REOL SIN

2) DWY OCHR wedi eu rhoi a hefyd ONGL NAD YW'R DDWY OCHR YN EI HAMGÁU:
– ANGEN RHEOL SIN

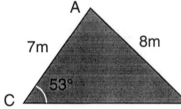

1) Defnyddiwch $\dfrac{b}{SIN\ B} = \dfrac{c}{SIN\ C} \Rightarrow \dfrac{7}{SIN\ B} = \dfrac{8}{SIN\ 53}$

2) $\Rightarrow SIN\ B = \dfrac{7 \times SIN\ 53}{8} = 0.6988 \Rightarrow B = SIN^{-1}(0.6988)$
$= \mathbf{44.3°}$

Mae'r gweddill yn hawdd os defnyddiwch REOL SIN

3) DWY OCHR wedi eu rhoi a hefyd yr ONGL A AMGAEIR ganddynt:
– ANGEN RHEOL COSIN

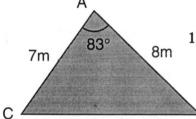

1) Defnyddiwch: $a^2 = b^2 + c^2 - 2bc\ COS\ A$
$= 7^2 + 8^2 - 2 \times 7 \times 8 \times COS\ 83$
$= 99.3506 \Rightarrow a = \sqrt{99.3506} = \mathbf{9.97m}$

Mae'r gweddill yn hawdd os defnyddiwch REOL SIN

4) TAIR OCHR wedi eu rhoi ond DIM ONGL:
– ANGEN RHEOL COSIN

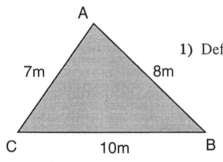

1) Defnyddiwch: $COS\ A = \dfrac{b^2 + c^2 - a^2}{2bc}$
$= \dfrac{49 + 64 - 100}{2 \times 7 \times 8} = \dfrac{13}{112} = 0.11607$

2) Felly $A = COS^{-1}(0.11607) = \mathbf{83.3°}$

Mae'r gweddill yn hawdd os defnyddiwch REOL SIN

Y Prawf Hollbwysig

DYSGWCH y **PEDWAR MATH SYLFAENOL** uchod.
Yna cuddiwch y tudalen a gwnewch y canlynol:

1) Ysgrifennwch **fersiwn newydd** o bob un o'r 4 enghraifft uchod ac yna defnyddiwch reolau SIN a CHOSIN i ddarganfod **YR HOLL ochrau ac onglau** ar gyfer pob un.

2) Mae gan driongl ddwy ochr sy'n 12m a 17m, ag ongl o 70° rhyngddynt. Darganfyddwch holl ochrau ac onglau eraill y triongl. (Mae braslun yn hanfodol, wrth gwrs)

Graffiau Sin, Cos a Tan

Disgwylir i chi wybod y graffiau hyn a medru gwneud **BRASLUN** ohonynt **oddi ar eich cof**. Nid yw hyn yn anodd iawn – y gyfrinach yw sylwi ar yr hyn sy'n debyg rhyngddynt yn ogystal â'r hyn sy'n wahanol:

Y = SIN X

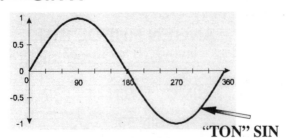

"TON" SIN

Y = COS X

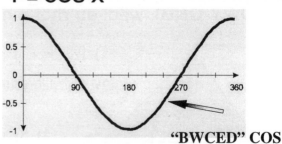

"BWCED" COS

1) **Ar gyfer 0° – 360°**, rydych yn cael y siâp **"TON" SIN** (un brig, un pant) a **"BWCED" COS** (**yn dechrau ar y top**, yn pantio, ac **yn dod yn ôl i'r top**).

2) Mae **siâp sylfaenol** y graffiau SIN a COS yn **unfath** (fel y dangosir isod) wrth i chi eu hestyn yn ddiderfyn i'r ddau gyfeiriad:

Y = SIN X

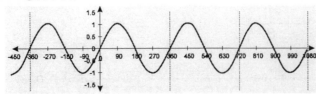

Y = COS X

3) Yr unig wahaniaeth yw bod graff SIN yn cael ei symud 90° → o'i gymharu â'r graff COS.

4) Sylwer bod cromlin y **DDAU GRAFF** rhwng **terfannau** y, sef union **+1 a –1**.

5) **Y pwynt allweddol wrth lunio'r graffiau estynedig** yw llunio graff 0° – 360° naill ai'r **"DON" SIN** neu'r **"BWCED" COS** yn gyntaf. Yna **estyn y graff i'r ddau gyfeiriad fel y dangosir**.

Y = TAN X

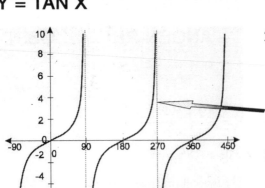

1) **Nid yw graff TAN yn DEBYG O GWBL i'r ddau graff arall.**

2) **Mae'n ymddwyn mewn ffordd eithaf rhyfedd ar 90°, 270°** etc .... mae'n diflannu i gyfeiriad **+anfeidredd** ac yna'n dod yn ôl o gyfeiriad **–anfeidredd** ar ochr arall yr **asymptot** (llinell ddotiau nad yw'r graff byth yn ei gwir gyffwrdd).

3) **Felly, yn wahanol i graffiau SIN a COS, NID YW Y = TAN X YN GYFYNGEDIG i werthoedd rhwng +1 a –1.**

4) Byddwch yn sylwi hefyd tra bo SIN a COS yn **ailadrodd bob 360°**, mae'r graff TAN yn **ailadrodd bob 180°**.

Y Prawf Hollbwysig

DYSGWCH y **PUM graff** uchod. **Yna cuddiwch y tudalen a lluniwch y pump ohonynt unwaith eto gan ddangos y manylion i gyd.**

Onglau o Unrhyw Faint

NI ALLWCH WNEUD HYN ONI BAI EICH BOD WEDI DYSGU'R GRAFFIAU AR DUDALEN 44

SIN, COS a TAN ar gyfer Onglau o Unrhyw Faint

Mae hyn yn ymwneud ag **UN SYNIAD SYLFAENOL**:

> Os **lluniwch linell lorwedd drwy werth arbennig o SIN X**, bydd yn **dangos nifer diderfyn o onglau** ar yr echelin X **sydd â gwerthoedd eu SIN X i gyd yr un faint.**

Enghraifft 1: Darganfyddwch 6 o onglau X gwahanol fel bo Sin X = 0.94

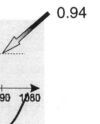

Dull

1) **BRASLUNIWCH** graff SIN X estynedig
2) Lluniwch **LINELL LORWEDD** ar draws yn 0.94
3) **LLUNIWCH LINELLAU I LAWR** at yr echelin X o'r mannau lle mae'r llinell lorwedd yn **CROESI'R GROMLIN**
4) **Defnyddiwch eich CYFRIFIANNELL** i gyfrifo **INV SIN 0.94**, i ddarganfod yr ongl gyntaf (70° yn yr achos hwn)
5) Mae'r **CYMESUREDD** yn sicr yn amlwg. Gallwch weld bod 70° yn 20° oddi wrth y brig, felly mae'r onglau eraill i gyd yn amlwg 20° ar bob ochr i'r pwyntiau brig, sef ar onglau 90°, 450°, etc..

> Felly gallwn ddweud bod **SIN X = +0.94** ar gyfer yr holl onglau canlynol:
> ..... -290°, -250°, 70°, 110°, 430°, 470°, 790°, 830°, ...

Enghraifft 2: Darganfyddwch dair ongl arall sydd â'r un Cosin â 65°.

ATEB:
1) Defnyddiwch eich cyfrifiannell i ddarganfod COS 65°, sef **+0.423**
2) Lluniwch gromlin COS estynedig a llinell lorwedd ar draws yn + 0.423
3) Lluniwch linellau fertigol o'r croestoriadau a defnyddiwch gymesuredd

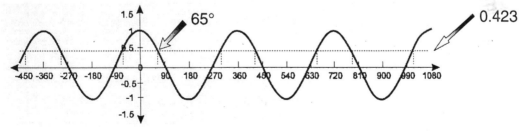

Gan fod 65° yn 25° o dan 90° mae'n rhaid fod yr onglau eraill a ddangosir yn : -425°, -295°, -65°, etc.

Y Prawf Hollbwysig

> DYSGWCH Y **PUM graff** a'r **dull pum pwynt** uchod. **Yna cuddiwch y tudalen ac ysgrifennwch nhw.**

1) Darganfyddwch 4 gwerth positif cyntaf a dau werth negatif cyntaf X fel bo
   a) SIN X = 0.5   b) COS X = -0.67   c) TAN X = 1

Fectorau

4 FFAITH HYNOD O BWYSIG y dylech eu gwybod ynglŷn â Fectorau:

1) Y Tri Nodiant

Gellir cyfeirio at y fector **AB** a ddangosir yma fel

$\begin{pmatrix} 7 \\ 4 \end{pmatrix}$ neu **a** neu $\underline{a}$ neu $\underset{\sim}{a}$ neu $\overrightarrow{AB}$

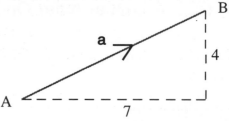

Mae'n eithaf amlwg beth yw ystyr y rhain. Gwnewch yn siŵr eich bod yn gwybod eu trefn yn y fector colofn (x → ac y ↑) a beth yw ystyr gwerth negatif mewn fector colofn.

2) Adio a Thynnu Fectorau

Rhaid adio fectorau bob amser **BEN WRTH GYNFFON**, fel bo'r **saethau i gyd YN DILYN ei gilydd**, ac nid YN ERBYN ei gilydd.

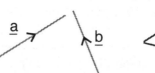

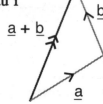

Mae adio a thynnu **FECTORAU COLOFN**

yn hawdd iawn: E.e. os yw $\underline{a} = \begin{pmatrix} 5 \\ 3 \end{pmatrix}$ a $\underline{b} = \begin{pmatrix} -2 \\ 4 \end{pmatrix}$ yna mae $2\underline{a} - \underline{b} = 2\begin{pmatrix} 5 \\ 3 \end{pmatrix} - \begin{pmatrix} -2 \\ 4 \end{pmatrix} = \begin{pmatrix} 12 \\ 2 \end{pmatrix}$

3) Rhannu yn Gydrannau

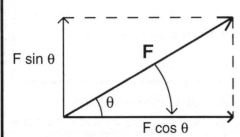

Gellir rhannu unrhyw fector yn ddwy gydran sydd ar ongl 90° i'w gilydd. Bydd y ddwy gydran hyn bob amser yn **F cos θ ac F sin θ**. Y prif anhawster yw gwybod p'un yw p'un. Dyma ffordd dda o gofio:

> Wrth **droi F drwy ongl θ** fel y dangosir, byddwch yn cael **F Cos θ**. (Felly **mae'n rhaid i'r llall fod yn F Sin θ.**)

4) Cwestiwn Cyffredin mewn Arholiad

Mae hwn yn fath cyffredin o gwestiwn ac mae'n dangos techneg bwysig iawn wrth ddelio â fectorau:

> Er mwyn darganfod **fector anhysbys**, "gwnewch hynny" drwy ddilyn unrhyw lwybr **sydd wedi ei greu o fectorau**

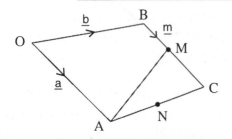

Drwy ddefnyddio'r rheol hon, gallwn ddarganfod y fectorau canlynol yn rhwydd, yn nhermau **a, b** ac **m** (a chymryd bod M ac N yn ganolbwyntiau):

1) $\overrightarrow{AM} = -\underline{a} + \underline{b} + \underline{m}$ (h.y. mynd yno drwy O a B)

2) $\overrightarrow{OC} = \underline{b} + 2\underline{m}$ (h.y. mynd yno drwy B ac M)

3) $\overrightarrow{AC} = -\underline{a} + \underline{b} + 2\underline{m}$ (A i C trwy O, B ac M)

Y Prawf Hollbwysig

> DYSGWCH y manylion pwysig sydd ar y tudalen hwn, yna **cuddiwch y tudalen ac ysgrifennwch nhw i gyd.**

1) Ar gyfer y diagram uchod mynegwch y canlynol yn nhermau **a, b** ac **m**:

    a) $\overrightarrow{MO}$ **b)** $\overrightarrow{AN}$ **c)** $\overrightarrow{BN}$ **ch)** $\overrightarrow{NM}$

Cwestiynau ar Fectorau "Bywyd Bob Dydd"

Dyma'r math o gwestiynau ar fectorau y byddwch debycaf o'u cael yn yr arholiad, felly gwnewch yn siŵr eich bod yn dysgu'r holl fân driciau sydd ar y tudalen hwn.

1) Yr Hen Gwestiwn "Nofio ar draws yr Afon"

Mae hwn yn gwestiwn hawdd iawn: Rydych yn **ADIO'r ddau fector cyflymder BEN WRTH GYNFFON** ac yn llunio'r **fector CYDEFFAITH** sy'n dangos **buanedd a chyfeiriad y cwrs terfynol**. Syml, yntê?

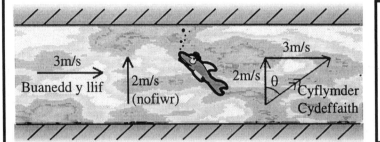

Buanedd Cydeffaith =
$$\sqrt{3^2 + 2^2} = \sqrt{13} = \textbf{3.6m/s}$$

Cyfeiriad: TAN θ = 3 ÷ 2

θ = TAN^{-1} (1.5) = **56.3°**

Fel arfer gyda fectorau, bydd angen i chi ddefnyddio **Theorem Pythagoras a Thrigonometreg** i ddarganfod yr hyd a'r ongl. Gwnewch yn siŵr eich bod yn DYSGU'r ddau ddull yn y cwestiwn hwn.

2) Yr Hen Gwestiwn "Nofio Ychydig i Fyny'r Afon"

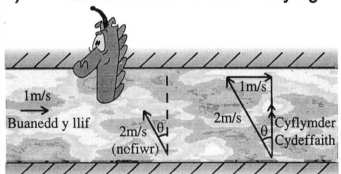

1) SIN θ = CYF/HYP

  = 1/2

felly θ = SIN^{-1} (0.5) = **30°**

2) **Buanedd** = $\sqrt{2^2 - 1^2} = \sqrt{3}$

  = **1.73m/s**

Y syniad cyffredinol yma yw **gorffen drwy fynd yn uniongyrchol ar draws yr afon**, ac **UNWAITH ETO mae'r hen ddull o LUNIO TRIONGL FECTORAU** yn hwyluso'r gwaith – 2 fector wedi'u cysylltu **BEN WRTH GYNFFON** er mwyn rhoi'r cyflymder cydeffaith. Fodd bynnag, yn yr achos hwn mae'r cydeffaith yn cael ei lunio GYNTAF (yn syth ar draws), fel bo'n rhaid **cyfrifo'r ongl θ er mwyn iddi ffitio** fel y dangosir uchod.

3) Yr Hen Gwestiwn ynghylch "Cychod Tynnu'r *Brenin Arthur*"

Y broblem yma yw darganfod grym cydeffaith y ddau gwch tynnu.

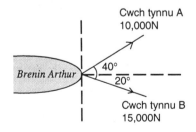

Gellir ateb y cwestiwn hwn mewn dwy ffordd:

1) Drwy gyfrifo **CYDRANNAU'r ddau fector grym** ar hyd y ddwy linell ddotiau (F COS θ a F SIN θ, etc)

NEU:

2) **Drwy adio'r fectorau BEN WRTH GYNFFON** i wneud triongl fectorau a defnyddio'r RHEOLAU SIN a COSIN. (Gweler t. 42)

Y Prawf Hollbwysig

DYSGWCH y 3 ENGHRAIFFT ar y tudalen, yna **cuddiwch y tudalen a'u hysgrifennu**, ond gan ddefnyddio **rhifau gwahanol.**

1) Cyfrifwch y grym cydeffaith ar y *Brenin Arthur* yn enghraifft 3, gan ddefnyddio'r **DDAU** ddull.

48

Crynodeb Adolygu Adran 3

Efallai fod y cwestiynau hyn yn ymddangos yn anodd, **ond dyma'r math gorau o adolygu allwch chi ei wneud**. Holl bwrpas adolygu yw **darganfod y pethau nad ydych yn eu gwybod** ac yna eu dysgu **nes byddwch yn eu gwybod**. Mae'r cwestiynau anodd hyn yn dangos faint rydych chi'n ei wybod. Maent yn dilyn trefn y tudalennau yn Adran 3, felly mae'n ddigon hawdd i chi wirio unrhyw beth nad ydych yn ei wybod.

Daliwch ati i ddysgu'r ffeithiau sylfaenol hyn nes byddwch yn eu gwybod.

1) Sut fyddech chi'n rhoi'r fformwlâu $A = B \times C$ ac $A = B/C$ mewn triongl fformwla?
2) Beth yw'r 2 reol wrth ddefnyddio triongl fformwla?
3) Beth yw'r triongl fformwla ar gyfer dwysedd?
4) Beth yw'r triongl fformwla ar gyfer buanedd, pellter ac amser?
5) Oes yna ffordd well o ymdrin â buanedd, pellter ac amser?
6) Beth yw'r ddwy brif reol a gymhwysir i'r unedau a ddefnyddir mewn trionglau fformwla?
7) Rhowch 4 manylyn pwysig ynglŷn â graffiau pellter–amser.
8) Rhowch 5 manylyn pwysig ynglŷn â graffiau cyflymder–amser.
9) Lluniwch enghraifft nodweddiadol o'r ddau fath a labelwch y nodweddion pwysig.
10) Beth sydd a wnelo ceir rasio a mulod â hyn?
11) Beth yw ffurf unrhyw rhif a fynegir yn y ffurf safonol?
12) Ar ba dri phwynt pwysig y dylech chi ganolbwyntio?
13) Rhowch fanylion y tair enghraifft bwysig o'r ffurf safonol a geir yn yr arholiad.
14) Beth yw'r modd gwyddonol? Allwch chi ei ddefnyddio ar eich cyfrifiannell?
15) A yw modd SCI yn ddefnyddiol ar gyfer datrys cwestiynau ar ffurf safonol?
16) Rhestrwch y deg rheol ar gyfer pwerau ac israddau.
17) Beth yw'r fformwla ar gyfer Theorem Pythagoras? Pryd allwch chi ddefnyddio'r theorem?
18) Sut mae penderfynu ym mhle i roi'r rhifau? Sut mae gwirio hyn yn derfynol?
19) Beth yw tri gair allweddol gyda chyfeiriannau? Sut ddylech chi ysgrifennu cyfeiriannau?
20) Ysgrifennwch brif gamau dull dibynadwy o wneud TRIGONOMETREG.
21) A yw'n bwysig dilyn dulliau ffurfiol o weithredu?
22) A yw'n bwysig ceisio ennill pob marc posibl ym mhob cwestiwn arholiad?
23) Beth yw manteision defnyddio trionglau fformwla i ymwneud â SIN, COS a TAN?
24) Lluniwch ddiagram i ddangos onglau codi ac onglau gostwng.
25) Ysgrifennwch reolau SIN a COSIN a lluniwch driongl wedi ei labelu'n gywir.
26) Rhestrwch y 4 math gwahanol o gwestiynau a pha reol ddylech ei defnyddio gyda phob un.
27) Beth yw'r fformwla (sy'n ymwneud â SIN) am arwynebedd triongl? Rhowch enghraifft.
28) Lluniwch graffiau SIN, COS a TAN, dros $0° - 360°$ ac yna dros $-1080°$ i $1080°$.
29) Beth yw'r dull o ddelio gyda SIN, COS a TAN onglau o unrhyw faint?
30) Rhowch enghraifft o'r dull drwy ddarganfod 6 ongl y mae eu COSIN yn -0.5.
31) Beth yw rhai o'r nodiannau fector?
32) Beth yw triongl fectorau? Beth yw ei bwrpas? Beth yw'r brif reol ar gyfer adio fectorau?
33) Lluniwch ddiagram i ddangos sut mae rhannu fector yn gydrannau.
34) Beth yw'r rheol ar gyfer cofio pa gydran yw $F \cos \theta$ a pha un yw $F \sin \theta$?
35) Mewn cwestiwn arholiad cyffredin, beth yw'r rheol ar gyfer darganfod fector anhysbys?
36) Lluniwch gwestiwn "Nofio ar Draws yr Afon" a chyfrifwch yr ateb.
37) Lluniwch gwestiwn "Nofio Ychydig i Fyny'r Afon" a chyfrifwch yr ateb.
38) Lluniwch gwestiwn "Cychod tynnu'r *Brenin Arthur*" a chyfrifwch yr ateb drwy ddefnyddio F COS θ.
39) Atebwch y cwestiwn ynghylch "cychod tynnu'r *Brenin Arthur*" drwy defnyddio rheolau SIN a COSIN.

Cymedr, Canolrif, Modd ac Amrediad

Os na lwyddwch i **ddysgu'r 4 diffiniad sylfaenol hyn**, yna byddwch yn colli rhai o'r marciau hawsaf sydd i'w cael yn yr arholiad.

1) MODD = MWYAF aml

2) CANOLRIF = gwerth CANOL

3) CYMEDR = CYFANSWM yr eitemau ÷ NIFER yr eitemau

4) AMREDIAD = Y gwahaniaeth rhwng y gwerth LLEIAF a'r gwerth MWYAF

Y Rheol Aur

Dylai gwybod ystyr cymedr, canolrif a modd fod yn **ffordd o gael marciau hawdd**, ond mae hyd yn oed y rhai sydd wedi gwneud ymdrech i'w dysgu yn llwyddo i golli marciau yn yr arholiad oherwydd nad ydynt yn cymryd y **cam hollbwysig hwn**:

AILDREFNWCH y data bob amser yn ôl TREFN ESGYNNOL

(a gwnewch yn siŵr fod gennych yr un nifer o ddata ag o'r blaen!)

Enghraifft

Darganfyddwch gymedr, canolrif, modd ac amrediad y rhifau hyn:

2, 5, 3, 2, 6, -4, 0, 9, -3, 1, 6, 3, -2, 3   (14)

1) **YN GYNTAF** ... rhaid eu haildrefnu: -4, -3, -2, 0, 1, 2, 2, 3, 3, 3, 5, 6, 6, 9   (✔14)

2) **CYMEDR** $= \dfrac{\text{cyfanswm}}{\text{nifer y rhifau}} = \dfrac{-4-3-2+0+1+2+2+3+3+3+5+6+6+9}{14}$

$= 31 \div 14 = \mathbf{2.21}$

3) **CANOLRIF = y gwerth canol**   (dim ond pan fyddant **wedi eu trefnu yn ôl trefn maint**)

(Pan fo dau RIF CANOL, mae'r canolrif **HANNER FFORDD RHWNG Y DDAU RIF CANOL)**

-4, -3, -2, 0, 1, 2, 2, 3, 3, 3, 5, 6, 6, 9
← saith rhif yr ochr hon | saith rhif yr ochr hon →
Canolrif = **2.5**

4) **MODD** = y gwerth **mwyaf** cyffredin, sef **3**.
(Gallwn ddweud mai'r gwerth **moddol** yw 3)

5) **AMREDIAD** = y pellter o'r gwerth lleiaf i'r gwerth mwyaf, h.y. o -4 hyd at 9, = **13**

Cofiwch: Modd = mwyaf (pwyslais ar y "mo" a'r "mw")
Canolrif = canol (pwyslais ar y gair "canol")
Y cymedr yw'r cyfartaledd, ond nid yw'n hawdd oherwydd rhaid ei gyfrifo!

Y Prawf Hollbwysig   DYSGWCH y Pedwar Diffiniad a'r Rheol Aur ...

... yna cuddiwch y tudalen ac **ysgrifennwch nhw oddi ar eich cof**.
Wedyn defnyddiwch bopeth rydych wedi ei **ddysgu** i ddarganfod cymedr, canolrif, modd ac amrediad y set hon o ddata: 1, 3, 14, -5, 6, -12, 18, 7, 23, 10, -5, -14, 0, 25, 8

Tebygolrwydd

Y FFAITH BWYSICAF ynglŷn â thebygolrwydd yw hon:

> Dylid ateb Pob Cwestiwn ar Debygolrwydd
> drwy ddefnyddio **Diagram Coeden**

Ac **unwaith y deallwch hyn daw pethau'n llawer haws**. Pam? Wel, ar ôl i chi **feistroli'r** manylion isod ynglŷn â sut i ddefnyddio diagramau coeden, gallwch **ddelio â PHOB UN cwestiwn ar debygolrwydd gan ddefnyddio'r UN DULL YN UNION bob tro!** Mae hyn yn swnio'n rhy hawdd – ond mae'n wir!

Fodd bynnag, **RHAID I CHI WNEUD DAU BETH** cyn hynny:

1) **DYSGU'r holl fanylion hyn** am **DDIAGRAMAU COEDEN** yn drylwyr a'u defnyddio.

2) **DOD i'r ARFER** o **DDECHRAU LLUNIO DIAGRAM COEDEN** (dim ots pa mor flêr) cyn gynted ag y gwelwch **unrhyw** gwestiwn ar debygolrwydd.

Diagram Coeden Cyffredinol

Mae nifer o fanylion yn gyffredin i Ddiagramau Coeden. Mae'n hanfodol eich bod yn gwybod y manylion hyn. Hebddynt, fyddwch chi ddim yn gallu defnyddio diagramau coeden i wneud y cwestiynau yn yr arholiad. **Rhaid i chi wybod y diagram canlynol yn drylwyr:**

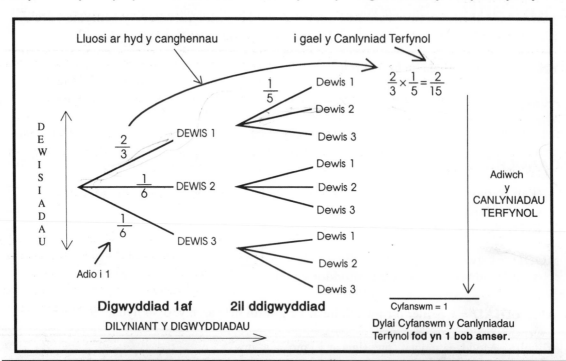

1) **LLUOSWCH AR HYD Y CANGHENNAU** bob amser (fel y dangosir) i gael y **CANLYNIADAU TERFYNOL**

2) Ar unrhyw set o ganghennau sy'n cyfarfod ar bwynt, dylai'r rhifau bob amser **ADIO i 1**

3) **Gwiriwch fod eich diagram yn gywir** drwy **sicrhau bod y** Canlyniadau Terfynol yn **ADIO i 1**

4) I ateb unrhyw gwestiwn, **ADIWCH BOB CANLYNIAD TERFYNOL PERTHNASOL**

Tebygolrwydd

Pedwar Manylyn Ychwanegol ar gyfer dull y Diagram Coeden:

1) **Rhannwch y cwestiwn YN DDILYNIANT O DDIGWYDDIADAU UNIGOL.**
E.e. "3 darn arian yn cael eu taflu i'r awyr gyda'i gilydd" – rhannwch hyn yn 3 digwyddiad unigol. **Byddwch angen y dilyniant hwn o ddigwyddiadau** cyn y gallwch lunio unrhyw fath o ddiagram coeden.

2) **PEIDIWCH Â THEIMLO fod yn rhaid i chi lunio diagramau coeden CYFLAWN.** Dysgwch sut i'w haddasu i'r hyn y gofynnir amdano. E.e. "Beth yw'r siawns o daflu dau 6 yn cael eu dilyn gan eilrif?"

Y diagram hwn yw'r cwbl sydd ei angen arnoch i gael yr ateb $\frac{1}{6} \times \frac{1}{6} \times \frac{1}{2} = \frac{1}{72}$

3) **BYDDWCH YN BAROD AM DEBYGOLRWYDD AMODOL**
.... lle mae'r ffracsiwn ar bob cangen yn dibynnu ar beth ddigwyddodd **ar y gangen o'i blaen**, e.e. bagiau o felysion, pecynnau o gardiau, etc, lle mae rhif **gwaelod** y ffracsiwn **hefyd** yn newid wrth i eitemau gael eu tynnu. E.e. $^{11}/_{25}$ yna $^{10}/_{24}$ etc.

4) **Mae cwestiynau "O LEIAF" bob amser yn (1 – Tebygolrwydd "y canlyniad arall"):**
Er enghraifft, "Darganfyddwch y tebygolrwydd o gael O LEIAF un ferch ymhlith 4 o blant" Mewn gwirionedd mae yna **15 ffordd wahanol** o gael "O LEIAF un ferch ymhlith 4 o blant" a byddai hyn yn cymryd tipyn o amser i'w gyfrifo, hyd yn oed gyda diagram coeden.
Dyma'r tric ddylech ei ddysgu:
Tebygolrwydd "O LEIAF rhywbeth neu'i gilydd" yw (1 – tebygolrwydd "y canlyniad arall")
sef, yn yr achos hwn: (1 – tebygolrwydd "y pedwar yn fechgyn") = $(1 - \frac{1}{16}) = \frac{15}{16}$

Enghraifft   "Mae Gruffudd a'i ddau ffrind, yn ogystal â 5 modryb Gruffudd, yn gorfod gwasgu i sêt gefn car mawr coch er mwyn mynd i'r Eisteddfod Genedlaethol. O wybod nad yw Gruffudd yn eistedd yn un o'r ddau ben, ac, ar wahân i hyn, mai ar hap y mae pawb yn eistedd, darganfyddwch y tebygolrwydd y bydd dau ffrind Gruffudd yn eistedd o bobtu iddo."
Fyddai rhywun nad yw wedi arfer â chwestiynau tebygolrwydd ddim yn breuddwydio am ddefnyddio diagram coeden yma, ond sylwch pa mor hawdd yw'r cwestiwn wrth wneud hynny. **Dyma'r diagram coeden fyddech chi'n ei lunio:**

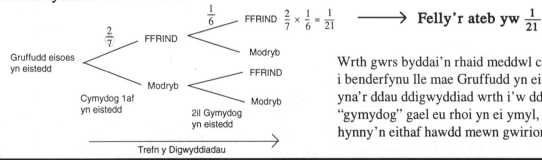

$\longrightarrow$ **Felly'r ateb yw** $\frac{1}{21}$

Wrth gwrs byddai'n rhaid meddwl cryn dipyn i benderfynu lle mae Gruffudd yn eistedd ac yna'r ddau ddigwyddiad wrth i'w ddau "gymydog" gael eu rhoi yn ei ymyl, ond mae hynny'n eithaf hawdd mewn gwirionedd.

Y Prawf Hollbwysig

1) Dim ond lle i 6 o bobl oedd yn sêt gefn y car mawr coch. Felly roedd yn rhaid i'r ddau olaf a aeth i mewn eistedd ar lin y lleill. Darganfyddwch y tebygolrwydd y byddai dau ffrind Gruffudd yn eistedd o bobtu iddo a'r tebygolrwydd nad oedd un o'i Fodrybedd ar ei lin.

2) Chwiliwch am DDEG cwestiwn ar debygolrwydd a cheisiwch eu datrys drwy ddefnyddio DIAGRAMAU COEDEN.

Tablau Amledd

Gellir llunio tablau amledd naill ai mewn **rhesi** neu mewn **colofnau** o rifau a gallant fod yn eithaf dyrys, **ond nid os dysgwch yr wyth pwynt allweddol hyn:**

Wyth Pwynt Allweddol

1) **MAE POB TABL AMLEDD YR UN FATH**

2) Mae'r gair **AMLEDD** yn golygu **NIFER**, ac felly mae tabl amledd yn dabl o'r "Nifer sydd ym mhob grŵp"

3) Mae'r **RHES** (neu'r golofn) **GYNTAF** yn rhoi **LABELI'R GRWPIAU**

4) Mae'r **AIL RES** (neu golofn) yn rhoi **DATA "GO IAWN"**

5) Mae'n rhaid i **chi GYFRIFO'R DRYDEDD RES** (neu golofn) eich hun

6) Gellir darganfod y **CYMEDR** bob amser drwy ddefnyddio:

> Cyfanswm Rhes 3 ÷ Cyfanswm Rhes 2

7) Y **CANOLRIF** yw **GWERTH CANOL** yr **2il res** – ond byddwch yn ofalus!

8) Y **gwahaniaeth rhwng gwerthoedd eithaf y rhes gyntaf** yw'r **AMREDIAD**.

Enghraifft

Dyma dabl amledd nodweddiadol wedi ei lunio ar **FFURF RHES** yn ogystal â **FFURF COLOFN**:

Nifer y chwiorydd	Amledd
0	7
1	15
2	12
3	8
4	3
5	1
6	0

Nifer y chwiorydd	0	1	2	3	4	5	6
Amledd	7	15	12	8	3	1	0

 **Ffurf Rhes**

 Ffurf Colofn

Nid oes gwahaniaeth rhwng y ddwy ffurf hyn a gallech gael y naill neu'r llall yn yr arholiad. Pa fath bynnag gewch chi, cofiwch y **TAIR FFAITH BWYSIG HYN:**

1) Mae'r **RHES** (neu'r golofn) **GYNTAF** yn rhoi **LABELI GRWPIAU** ar gyfer y **gwahanol gategorïau**: h.y. "dim un chwaer", "un chwaer", "dwy chwaer", etc.

2) Yr **AIL RES** (neu golofn) yw'r **DATA "GO IAWN"** ac mae'n rhoi **NIFER (y bobl) SYDD** ym mhob categori

   h.y. roedd gan 7 o bobl "**ddim un chwaer**", roedd gan 15 o bobl "**un chwaer**", etc

3) **OND DYLECH SYLWEDDOLI NAD YW'R TABL YN GYFLAWN,** gan fod angen **TRYDEDD RES** (neu golofn) a **DAU GYFANSWM** ar gyfer yr **ail a'r drydedd res,** fel y dangosir ar y tudalen nesaf:

53

Tablau Amledd

Dyma sut mae'r ddau fath o dabl yn edrych ar ôl eu cwblhau:

Nifer y chwiorydd	0	1	2	3	4	5	6	Cyfanswm	
Amledd	7	15	12	8	3	1	0	46	(Pobl a holwyd)
Nifer × Amledd	0	15	24	24	12	5	0	80	(Chwiorydd)

Nifer y chwiorydd	Amledd	Nifer × Amledd
0	7	0
1	15	15
2	12	24
3	8	24
4	3	12
5	1	5
6	0	0
CYFANSWM	46	80

(Pobl a holwyd) (Chwiorydd)

"O ble daw'r drydedd res?"

RYDYCH YN CAEL Y DRYDEDD RES (neu golofn) **BOB AMSER** drwy **LUOSI** rhifau'r **DDWY RES** (neu'r ddwy golofn) **GYNTAF**

> **Y DRYDEDD RES = RHES 1AF × 2IL RES**

Ar ôl cwblhau'r tabl, mae'n hawdd darganfod y **CYMEDR, Y CANOLRIF, Y MODD A'R AMREDIAD** (gweler t. 49) a dyma'r pethau y gofynnir amdanynt yn yr arholiad:

Cymedr, Canolrif, Modd ac Amrediad:

Mae hyn yn hawdd **os byddwch yn ei ddysgu**. Fel arall, byddwch yn boddi mewn môr o rifau.

1) $CYMEDR = \dfrac{\text{Cyfanswm y 3edd res}}{\text{Cyfanswm yr 2il res}} = \dfrac{80}{46} = 1.74$ (Chwaer y person)

2) **CANOLRIF: – GOSODWCH y data gwreiddiol MEWN TREFN ESGYNNOL:**

0000000 111111111111111 222222222222 33333333 444 5

Mae'r canolrif yn y canol rhwng y 23ain gwerth a'r 24ain gwerth. **CANOLRIF y data hyn yw 2**.

(Ar ôl dysgu gwneud hyn gallwch ddarganfod safle'r gwerth canol yn syth o'r tabl)

3) **Y MODD** – dyma'r **GRŴP Â'R AMLEDD MWYAF:** h.y. **1**

4) Mae'r rhes gyntaf yn dweud bod yna bobl nad oes ganddynt "ddim un chwaer" hyd at rai a chanddynt "bump o chwiorydd" (ond dim 6 o chwiorydd).

Felly, yr **AMREDIAD yw 5 – 0 = 5** (Rhowch hwn bob amser fel rhif unigol)

Y Prawf Hollbwysig

DYSGWCH yr **8 RHEOL** ar gyfer Tablau Amledd, yna **cuddiwch** y tudalen a'u **HYSGRIFENNU** i weld faint rydych yn ei wybod.

Gan ddefnyddio'r dulliau rydych newydd eu dysgu a'r tabl amledd hwn, darganfyddwch GYMEDR, CANOLRIF, MODD ac AMREDIAD nifer y teleffonau sydd gan bobl.

Nifer y Teleffonau	0	1	2	3	4	5	6
Amledd	1	25	53	34	22	5	1

Tablau Amledd Grŵp

Mae'r rhain yn anoddach na thablau amledd syml, ond gallant ymddangos yn dwyllodrus o syml, fel yr un canlynol sy'n dangos dosraniad pwysau 60 o blant ysgol.

Pwysau (kg)	31 – 40	41 – 50	51 – 60	61 – 70	71 – 80
Amledd	8	16	18	12	6

Ffiniau Dosbarth a Gwerthoedd Canol Cyfwng

Y ddau hyn sy'n gwneud tablau amledd grŵp mor anodd.

1) **Y FFINIAU DOSBARTH** yw'r union werthoedd lle rydych yn symud o un grŵp i'r nesaf. Yn y tabl uchod y ffiniau dosbarth yw 40.5, 50.5, 60.5 etc. Nid yw'n anodd cyfrifo ffiniau dosbarth os ydych yn deall y syniad – maent bron bob amser yn "rhywbeth.5" – am resymau amlwg.

2) Mae'r **GWERTHOEDD CANOL CYFWNG** yn eithaf amlwg; ac fel arfer yn "rhywbeth.5" hefyd. Er hynny, cofiwch fod yn ofalus i gael yr union ganol!

"Amcangyfrif" y Cymedr drwy ddefnyddio Gwerthoedd Canol Cyfwng

Yn union fel tablau amledd cyffredin, rhaid i chi gael **rhesi ychwanegol a darganfod cyfansymiau** i gyfrifo unrhyw beth. Cofiwch hefyd mai dim ond "amcangyfrif" y cymedr sy'n bosibl gyda thablau data grŵp – ni allwch ei ddarganfod yn union os nad yw'r holl werthoedd gwreiddiol gennych.

1) **Ychwanegwch 3edd res** yn cynnwys y GWERTHOEDD CANOL CYFWNG ar gyfer pob grŵp.

2) **Ychwanegwch 4edd res** yn cynnwys AMLEDD × GWERTH CANOL CYFWNG ar gyfer pob grŵp.

Pwysau (kg)	31 – 40	41 – 50	51 – 60	61 – 70	71 – 80	CYFANSWM
Amledd	8	16	18	12	6	60
Gwerth Canol Cyfwng	35.5	45.5	55.5	65.5	75.5	–
Amledd × Gwerth Canol Cyfwng	284	728	999	786	453	3250

1) Gellir **AMCANGYFRIF Y CYMEDR** trwy **RANNU'R CYFANSYMIAU**:

$$\text{Cymedr} = \frac{\text{Cyfanswm Terfynol (Rhes Olaf)}}{\text{Cyfanswm yr Amledd (2il Res)}} = \frac{3250}{60} = 54.2$$

2) Mae'r **MODD** yn hawdd: **y grŵp moddol yw 51 – 60kg**

3) Ni ellir darganfod y **CANOLRIF** yn union, **ond gellir dweud ym mha grŵp y mae**. Wrth restru'r data i gyd mewn trefn, byddai'r 30ain cofnod a'r 31ain cofnod yn y grŵp **51 – 60kg**.

Y Prawf Hollbwysig

DYSGWCH yr holl fanylion sydd ar y tudalen hwn. Cuddiwch y tudalen ac ysgrifennwch bopeth rydych wedi ei ddysgu.

1) Amcangyfrifwch y cymedr o'r tabl hwn:

2) Nodwch hefyd beth yw'r grŵp moddol a rhowch frasamcan o werth y canolrif.

Hyd (cm)	15.5 –	16.5 –	17.5 –	18.5 – 19.5
Amledd	12	18	23	8

Amledd Cronnus

PEDWAR PWYNT ALLWEDDOL

1) Mae **AMLEDD CRONNUS** yn golygu **ADIO WRTH FYND YMLAEN**. Felly mae pob cofnod sydd mewn tabl amledd cronnus yn golygu'r "**CYFANSWM HYD YMA**".

2) **Rhaid i chi YCHWANEGU TRYDEDD RES i'r tabl** – hon yw **CYFANSWM CYFREDOL** yr 2il res.

3) **Os byddwch yn plotio graff**, rhaid i chi blotio'r pwyntiau **gan ddefnyddio'r GWERTH UCHAF ym mhob grŵp** (rhes 1) (h.y. plotiwch ar y **ffiniau dosbarth**) gyda'r gwerth o **res 3**, h.y. yn yr enghraifft isod, plotiwch 13 ar **160.5**, etc. (gweler isod).

4) Caiff AMLEDD CRONNUS bob amser ei blotio **i fyny ochr** graff, nid ar draws.

Enghraifft

Uchder (cm)	141 – 150	151 – 160	161 – 170	171 – 180	181 – 190	191 – 200	201 – 210
Amledd	4	9	20	33	36	15	3
Amledd Cronnus	4 (yn 150.5)	13 (yn 160.5)	33 (yn 170.5)	66 (yn 180.5)	102 (yn 190.5)	117 (yn 200.5)	120 (yn 210.5)

Plotir y graff trwy ddefnyddio'r parau hyn: (150.5, 4)   (160.5, 13)   (170.5, 33)   (180.5, 66) etc.

Mae top y graff bob amser yn hafal i GYFANSWM yr Amledd Cronnus (=120 yn yr achos hwn)

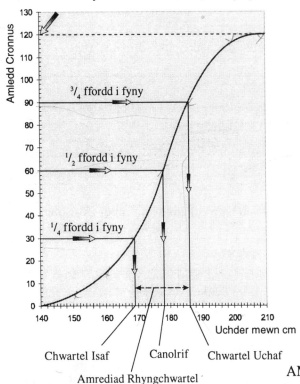

Mae'r **gromlin amledd cronnus** yn rhoi **TRI YSTADEGYN HANFODOL** y dylech wybod sut i'w darganfod:

1) **CANOLRIF**
   Yn union hanner ffordd i FYNY, yna ar draws, ac yna i lawr, a **darllenwch y raddfa ar y gwaelod.**

2) **CHWARTELAU ISAF AC UCHAF**
   Yn union $\frac{1}{4}$ a $\frac{3}{4}$ i FYNY'r ochr, yna ar draws, ac yna i lawr, a **darllenwch y raddfa ar y gwaelod.**

3) **YR AMREDIAD RHYNGCHWARTEL**
   Dyma'r pellter, **ar y raddfa ar y gwaelod**, rhwng y chwartel isaf a'r chwartel uchaf.

Felly, o'r gromlin amledd cronnus uchod gallwn ddarganfod y canlynol yn hawdd:

CANOLRIF = **178cm**
CHWARTEL ISAF = **169cm**
CHWARTEL UCHAF = **186cm**
AMREDIAD RHYNGCHWARTEL = **17cm**   (186 – 169)

Gweler hefyd t. 57 sy'n ymwneud ag arwyddocâd **SIÂP** cromlin amledd cronnus.

Y Prawf Hollbwysig

DYSGWCH YR WYBODAETH SYDD AR Y TUDALEN HWN, yna **cuddiwch y tudalen** a gwnewch y rhain:

1) **Cwblhewch** y tabl amledd cronnus hwn:

2) **Lluniwch** y graff.

Pwysau (kg)	41 – 45	46 – 50	51 – 55	56 – 60	61 – 65	66 – 70	71 – 75
Amledd	2	7	17	25	19	8	2

3) Defnyddiwch y graff i ddarganfod y **TRI YSTADEGYN HANFODOL**.

Graffiau Gwasgariad a Histogramau

Graffiau Gwasgariad – cydberthyniad a'r llinell sy'n ffitio orau

Mae graff gwasgariad yn dweud wrthych pa mor agos mae dau beth yn perthyn – gair ffansi am hyn yw **CYDBERTHYNIAD**. Mae **cydberthyniad da** yn golygu bod dau beth yn **perthyn yn agos** i'w gilydd. Mae **cydberthyniad gwael** yn golygu mai **ychydig iawn o berthynas** sydd. Rhaid i'r **LLINELL SY'N FFITIO ORAU** fynd trwy werth cymedrig y ddau newidyn ac yn fras **trwy ganol gwasgariad y pwyntiau**. (Nid oes raid iddi fynd yn union trwy unrhyw un o'r pwyntiau, ond gall wneud hynny.) Os yw'r llinell yn goleddu **i fyny**, yna mae **cydberthyniad positif**, os yw'n goleddu **i lawr**, yna mae **cydberthyniad negatif**.

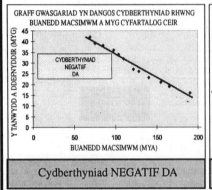

Cydberthyniad NEGATIF DA

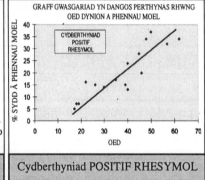

Cydberthyniad POSITIF RHESYMOL

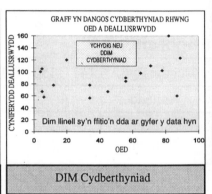

DIM Cydberthyniad

Histogramau

Siart bar yw histogram lle gall **y barrau fod o WAHANOL led**. Mae hyn yn golygu eu bod yn ymddangos yn ddiagramau anodd iawn i'w dehongli. Mae'r arholwyr yn hoff iawn o osod cwestiynau arnynt.

Mewn gwirionedd, nid yw pethau hanner cynddrwg ag y maent yn ymddangos – dim ond i chi **DDYSGU'R TAIR RHEOL HYN**:

1) **ARWYNEBEDD** pob bar sy'n bwysig ac **nid** yr uchder.

2) Defnyddiwch yr ychydig o wybodaeth a roddir yn y cwestiwn i ddarganfod **FAINT MAE POB BLOC ARWYNEBEDD YN EI GYNRYCHIOLI**.

3) Rhannwch yr holl farrau yn **FLOCIAU ARWYNEBEDD O'R UN MAINT** ac felly cyfrifwch y nifer ar gyfer pob bar (gan ddefnyddio **ARWYNEBEDDAU**).

ENGHRAIFFT:

Mae'r histogram isod yn cynrychioli dosraniad pobl a gafodd eu harestio am fwyta candi fflos mewn lleoedd cyhoeddus yn 1995. O wybod bod 36 o bobl yn yr amrediad oed 55 hyd 65, darganfyddwch y nifer a arestiwyd ym mhob amrediad oed arall.

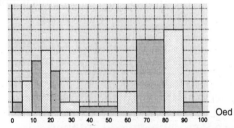

ATEB:

Mae'r bar 55-65 yn cynrychioli **36 o bobl** ac yn cynnwys **4 sgwâr dotiau**, ac felly rhaid bod **pob sgwâr dotiau** yn cynrychioli **9 o bobl**.

Mae'r gweddill yn hawdd. E.e. mae gan y grŵp 80-90 16 sgwâr dotiau felly mae hynny'n cynrychioli $16 \times 9 = $ **144 o bobl**.

COFIWCH: **RHIFWCH Y BLOCIAU ARWYNEBEDD** BOB AMSER i ddarganfod **Y NIFER YM MHOB BAR**

Gelwir yr echelin fertigol bob amser yn ddwysedd amledd – peidiwch â phoeni am hynny.

Y Prawf Hollbwysig

DYSGWCH DAIR RHEOL yr Histogram ac ystyr cydberthyniad. **Cuddiwch y tudalen ac ysgrifennwch yr hyn rydych wedi'i ddysgu.**

1) Darganfyddwch faint o bobl sydd ym mhob amrediad oed drwy ddefnyddio'r histogram uchod.

Histogramau a "Gwasgariad" Etc.

Mae **"gwasgariad"** yn air sy'n dweud **"pa mor wasgaredig"** yw'r data, o amgylch y cymedr. Mae'r **"gwyriad safonol"** yn rhif a ddefnyddir i ddweud **yn union** pa mor wasgaredig yw'r data! (Gweler t. 59) Peidiwch â dychryn wrth weld y geiriau hyn.

Siapiau Histogramau a "Gwasgariad"

Mae'n ddigon hawdd amcangyfrif y cymedr a'r gwyriad(au) safonol drwy edrych ar siâp yr histogram:

> 1) **Y CYMEDR** yw'r **CANOL** fwy neu lai, wrth gwrs.
> 2) **Y GWYRIAD SAFONOL** mewn gwirionedd yw'r "pellter o bobtu'r cymedr sy'n cynnwys tua **65% o gyfanswm arwynebedd y barrau**"

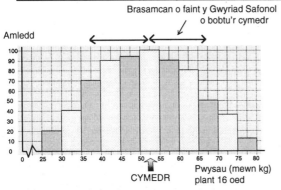 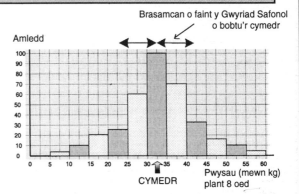

Rhaid i chi **DDYSGU arwyddocâd siapiau'r** ddau histogram hyn:

1) Mae'r cyntaf yn dangos **gwasgariad uchel** (h.y. **gwasgariad eang** y canlyniadau oddi wrth y cymedr). Golyga hyn y bydd y **Gwyriad Safonol** yn **fawr iawn** (fel y dangosir).
   (h.y. bydd pwysau sampl o blant 16 oed yn cynnwys amrediad eang iawn)

2) Mae'r ail yn dangos dosraniad llawer **"mwy clòs"** o ganlyniadau lle mae'r rhan fwyaf o werthoedd o fewn **amrediad bychan** o bobtu'r cymedr. Bydd gwerth (s) y Gwyriad Safonol felly yn fychan.
   (h.y. **ychydig iawn** o amrywiad fydd pwysau sampl o blant 8 oed yn ei ddangos)

Cromliniau Amledd Cronnus a "Gwasgariad"

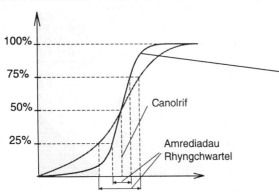

Mae siâp **CROMLIN AMLEDD CRONNUS** hefyd yn dweud wrthym beth yw **gwasgariad** gwerthoedd y data.

Mae'r gromlin hon yn dangos **dosraniad clòs iawn** o amgylch y **CANOLRIF** ac mae hyn hefyd yn golygu bod **yr amrediad rhyngchwartel yn fach**, fel y dangosir.

Mae'r llinell arall yn dangos set o ddata sy'n **fwy gwasgaredig**, ac felly sydd ag amrediad rhyngchwartel ehangach.

Mae'r dosraniad 'mwyaf clòs' yn cynrychioli canlyniadau CYSON iawn, e.e. mae **hydoedd oes batrïau neu fylbiau golau** sydd yn agos iawn i'r canolrif yn golygu **cynnyrch gwell**, o'i gymharu â'r dosraniad arall lle mae **amrywiad mawr** rhwng yr 'hydoedd oes' er bod y canolrif yr un fath. **Gofynnir cwestiynau am "arwyddocâd siâp" mewn arholiadau.**

Y Prawf Hollbwysig

> **DYSGWCH Y TUDALEN HWN.** Yna **cuddiwch y tudalen ac ysgrifennwch yr holl fanylion pwysig** oddi ar eich cof.

1) Lluniwch ddau histogram cyferbyniol sy'n dangos buanedd gyrwyr ceir a beicwyr.
2) Gwnewch frasluniau o ddwy Gromlin Amledd Cronnus ar gyfer taldra plant 5 oed a 13 oed.

Dulliau Samplu

Mae'r pwnc hwn yn ymwneud â gwneud arolygon o 'boblogaethau' (nid pobl o anghenraid) i ddarganfod ffeithiau amdanynt. Mae pethau'n mynd yn anodd pan na fydd yn bosibl profi'r holl 'boblogaeth', fel arfer oherwydd bod yna ormod yn perthyn iddi.

Yna bydd raid i chi gymryd **SAMPL**, sy'n golygu **eich bod rywsut yn dethol nifer cyfyngedig o unigolion fel eu bod yn gynrychioliad teg o'r holl 'boblogaeth'**.

Mae **PEDWAR MATH GWAHANOL O SAMPLU** y dylech fod yn gyfarwydd â nhw:

HAPSAMPLU – yma rydych yn dewis unigolion "ar hap". Yn ymarferol gall fod yn hynod o anodd dewis yn hollol ar hap.

SAMPLU SYSTEMATIG – Dechreuwch trwy ddewis ar hap a dewis bob 10fed neu 100fed ar ôl hynny.

SAMPLU HAENEDIG – (o'r gair "haen") E.e. er mwyn gwneud arolwg o ddisgyblion ysgol byddech yn dewis dosbarthiadau i ddechrau, ac yna'n dewis disgyblion ar hap o'r dosbarthiadau hynny.

SAMPLU CWOTA – Yma rydych yn dewis sampl sydd, cyn belled ag sydd bosibl, yn adlewyrchu'r holl boblogaeth drwy gael yr un gyfrannedd o ddynion/merched neu oedolion/plant, etc.

Canfod Problemau Mewn Dulliau Samplu

Yn ymarferol, y peth pwysicaf y dylech fedru ei wneud yw canfod problemau yn y technegau samplu, sy'n golygu "**chwilio am ffyrdd y gallai'r sampl beidio rhoi adlewyrchiad teg o'r boblogaeth yn gyfan**".

Ffordd dda o ymarfer gwneud hyn yw meddwl am enghreifftiau o **dechnegau samplu gwael**:

1) Y casgliad y daethpwyd iddo yn dilyn arolwg o yrwyr ceir a wnaed yn Llundain oedd fod 85% o Brydeinwyr yn gyrru Tacsis Duon.

2) Y cwestiwn a ofynnwyd gan ddau arolwg yn yr un stryd oedd "A ydych chi'n credu yn Nuw?" Casgliad yr arolwg cyntaf oedd nad oedd 90% o bobl yn credu tra daeth yr ail arolwg i'r casgliad fod 90% o bobl yn credu. Beth oedd y rheswm am yr anghysondeb? – gwnaed yr arolwg cyntaf am 11 o'r gloch nos Sadwrn a'r llall am 9.50 o'r gloch fore Sul.

3) Gwnaed arolwg ar y ffôn gyda'r nos a'r cwestiwn a ofynnwyd oedd "Beth ydych yn ei wneud fel arfer ar ôl dod adref o'r gwaith neu o'r ysgol?" Daeth i'r casgliad fod 80% o'r boblogaeth fel arfer yn aros gartref ac yn gwylio'r teledu. Darganfu arolwg a wnaed yn y stryd yr un adeg mai dim ond 30% oedd fel arfer yn aros i mewn a gwylio'r teledu. Rhyfedd iawn!

Mae achosion eraill yn llai amlwg:

Mewn arolwg ar y ffôn, gofynnwyd i 100 o bobl a oeddynt yn defnyddio trenau yn rheolaidd a dywedodd 20% ohonynt eu bod yn gwneud hynny. A yw hyn yn golygu fod 20% o'r boblogaeth yn defnyddio trenau yn rheolaidd?

ATEB: Nac ydyw, mae'n debyg. Mae amryw o bethau'n anghywir yn y dechneg samplu hon:
1) **Yn gyntaf, a'r camgymeriad mwyaf**: mae'r sampl **yn llawer rhy fach**. Byddai **o leiaf 1000** yn llawer mwy addas.
2) Beth am bobl nad oes ganddynt eu ffôn eu hunain, e.e. myfyrwyr, tenantiaid, etc.?
3) Ar ba adeg o'r dydd y gwnaed yr arolwg? Pryd fyddai pobl sy'n defnyddio trenau'n rheolaidd yn debyg o fod gartref neu allan?
4) Pa ran neu rannau o'r ardal fyddech chi'n ffonio?
5) Er mwyn i'r canlyniadau gynrychioli, dyweder, yr holl wlad, yna byddai **samplu haenedig neu samplu cwota** yn hanfodol.

Y Prawf Hollbwysig

DYSGWCH enwau'r **pedwar math o dechneg samplu** a'r manylion pwysig amdanynt, a hefyd **y 5 pwynt uchod**.

1) Gwnaed arolwg i ymchwilio i oed cyfartalog ceir Prydain drwy sefyll ar bont draffordd a nodi rhifau'r 200 gar cyntaf. Rhowch dri rheswm pam yr oedd hon yn dechneg samplu wael ac awgrymwch sut y byddai'n bosibl ei gwella.

Gwyriad Safonol

Y Gwyriad Safonol sy'n mesur **pa mor bell oddi wrth y cymedr** y mae'r data wedi eu GWASGARU, ac mae yna amryw o fformwlâu cas yr olwg ar ei gyfer.

Defnyddio'r Fformwla

Y 3 fersiwn mwyaf cyffredin o'r fformwla ar gyfer cyfrifo gwyriad safonol, "s" yw:

$$s = \sqrt{\frac{\Sigma(x - \bar{x})^2}{n}} \qquad s^2 = \frac{\Sigma x^2}{n} - \bar{x}^2 \qquad s = \sqrt{\frac{\Sigma x^2}{n} - \left(\frac{\Sigma x}{n}\right)^2} \qquad \text{lle saif } \bar{x} \text{ am y cymedr.}$$

Peidiwch â dychryn wrth weld y symbol Σ. Llythyren S yn yr wyddor Roeg yw Σ ac mae'n golygu "SWM". **Rhaid i chi ddarllen "Σx^2" BOB AMSER fel "SWM x^2"**, sy'n golygu **"Sgwariwch werth pob un o'r data ac yna adiwch y gwerthoedd hyn"**.

Beth yw ystyr hyn?

Y fersiwn $s = \sqrt{\dfrac{\Sigma(x - \bar{x})^2}{n}}$ sy'n egluro orau **wir ystyr** y

gwyriad safonol, gan ei fod yn gwneud i chi **1)** ddarganfod y gwyriad $(x - \bar{x})$ rhwng pob un o'r data a gofnodwyd a'r cymedr, ac yna **2)** ddarganfod 'cyfartaledd' y gwyriadau hyn, drwy eu hadio (Σ) a rhannu â'r nifer, n. Mae'r ffaith fod yma sgwario a chanfod ail isradd yn golygu nad yw'r gwyriad yn wyriad 'cyfartalog' yng ngwir ystyr y gair, felly yr enw arno yn hytrach yw **"gwyriad safonol"**. Yn y bôn dyma beth ydyw: "gwyriad cyfartalog gwerthoedd y data oddi wrth y cymedr".

Pa Fformwla i'w Defnyddio?

I raddau helaeth mae hyn yn dibynnu ar ba fersiwn gewch chi ar Daflen Fformwlâu yr arholiad, felly gofalwch eich bod yn gwybod pa fformwla i'w hymarfer a **sut i'w defnyddio MEWN DA BRYD CYN YR ARHOLIAD**.

Dyma enghraifft lle defnyddir y fformwla hon: $s^2 = \dfrac{\Sigma x^2}{n} - \bar{x}^2$, sy'n gofyn i chi ddarganfod

y cymedr i ddechrau. Yna gallwch ddarganfod s^2, ac yn olaf, s, trwy ddarganfod yr **ail isradd**. Cofiwch, peidiwch â dychryn wrth weld "Σx^2" – mae'n ddigon hawdd fel y dangosir isod.

ENGHRAIFFT: "**Darganfyddwch wyriad safonol y rhifau canlynol: -1, -3, 5, 7, -9, 11**"
ATEB: I ddechrau rhaid i chi ddarganfod y **cymedr**: $(-1-3+5+7-9+11) \div 6 = $**1.667**, felly $\bar{x} = 1.67$

$$\text{Yna}\quad s^2 = \frac{\Sigma x^2}{n} - \bar{x}^2 = \frac{(1^2 + 3^2 + 5^2 + 7^2 + 9^2 + 11^2)}{6} - 1.667^2$$

$$= \frac{(1 + 9 + 25 + 49 + 81 + 121)}{6} - 1.667^2 = \frac{286}{6} - 2.778 = 44.889$$

Felly, $s = \sqrt{44.889} = $ **6.70**

Gallwn weld bod hyn yn **synhwyrol** gan fod y data wedi eu gwasgaru hyd at tua deg o bobtu'r cymedr felly mae 6.70 yn **gyfartaledd** da ar gyfer y gwasgariad oddi wrth y cymedr. Byddai gwirio fel hyn yn **gwneud i chi beidio â rhoi 44.89 fel ateb**, felly mae'n **BWYSIG IAWN**.

Y Prawf Hollbwysig

DYSGWCH beth yw **ystyr Gwyriad Safonol**, a DYSGWCH UN O'R FFORMWLÂU sy'n ei roi.

1) Cuddiwch y tudalen a darganfyddwch "$\bar{x}$" ac " s " ar gyfer y data hyn:

12, 4, -7, 9, -2, 14, -20, 22

Crynodeb Adolygu Adran 4

Efallai fod y cwestiynau hyn yn ymddangos yn anodd, **ond dyma'r math gorau o adolygu allwch chi ei wneud**. Holl bwrpas adolygu yw **darganfod y pethau nad ydych yn eu gwybod** ac yna eu dysgu **nes byddwch yn eu gwybod**. Mae'r cwestiynau anodd hyn yn dangos faint rydych chi'n ei wybod. Maent yn dilyn trefn y tudalennau yn Adran 4, felly mae'n ddigon hawdd i chi wirio unrhyw beth nad ydych yn ei wybod.

Daliwch ati i ddysgu'r ffeithiau sylfaenol hyn nes byddwch yn eu gwybod.

1). Ysgrifennwch ddiffiniadau cymedr, canolrif, modd ac amrediad.
2) Beth yw'r Rheol Aur ar gyfer darganfod yr uchod ar gyfer set o ddata?
3) Beth yw'r peth mwyaf defnyddiol ddylech chi ei wybod ynglŷn â chwestiynau ar debygolrwydd?
4) Pa ddau beth ddylech chi eu gwneud er mwyn manteisio'n llawn ar hyn?
5) Lluniwch ddiagram coeden cyffredinol sy'n arddangos holl nodweddion diagramau coeden.
6) Mae pedwar peth pwysig arall y dylech eu gwybod ynglŷn â thebygolrwydd. Beth ydynt?
7) Rhowch 8 o fanylion pwysig am dablau amledd.
8) Beth yw ffiniau dosbarth mewn tabl amledd grŵp?
9) Sut mae darganfod y gwerthoedd canol cyfwng ac i beth fyddech chi'n eu defnyddio?
10) Sut ydych chi'n amcangyfrif y cymedr mewn tabl amledd grŵp?
11) Pam mai rhoi amcangyfrif yn unig o'r cymedr sy'n bosibl?
12) Beth yw'r pedwar pwynt allweddol ynglŷn â thablau amledd cronnus?
13) Lluniwch gromlin amledd cronnus nodweddiadol, a dangoswch arni ym mhle'n union mae'r canolrif, etc.
14) Beth yw graff gwasgariad?
15) Beth mae graff gwasgariad yn ei ddangos? Beth yw'r term a ddefnyddir am hyn?
16) Lluniwch dair enghraifft i ddangos y tri phrif fath.
17) Beth yw histogram?
18) Beth yw'r gwahaniaeth rhwng un o'r rhain a siart bar cyffredin?
19) Beth yw tri cham y dull ar gyfer ymwneud â phob histogram?
20) Beth yw ystyr gwasgariad?
21) Allwch chi ddweud rhywbeth am wasgariad set o ddata wrth edrych ar siâp histogram?
22) Sut mae amcangyfrif y cymedr a'r gwyriad safonol wrth edrych ar histogram?
23) Lluniwch ddau histogram, un yn dangos gwasgariad uchel a'r llall i'r gwrthwyneb.
24) Rhowch enghreifftiau o ddata go iawn a fyddai'n gweddu i bob histogram.
25) Pa fesur rhifiadol sy'n caniatáu inni fynegi maint gwasgariad?
26) A yw cromliniau amledd cronnus yn dweud unrhyw beth wrthym am wasgariad?
27) Lluniwch ddwy gromlin amledd cronnus gyferbyniol.
28) Rhowch enghraifft o'r hyn y gallai'r cromliniau hyn eu cynrychioli a dywedwch beth fydd y gwahaniaeth arwyddocaol rhwng y ddau beth.
29) Pa ffigur rhifiadol sy'n cynrychioli gwasgariad ar gromlin amledd cronnus?
30) Beth yw pwrpas samplu? Pryd fydd galw amdano?
31) Enwch y pedwar prif ddull o samplu, gan roi disgrifiad byr o bob un.
32) Rhestrwch bum problem gyffredin a all godi wrth drefnu arolygon.
33) Ysgrifennwch y fformwla fyddech chi'n ei defnyddio i ddarganfod gwyriad safonol.
34) Defnyddiwch hi ar gyfer y data : -1, 2, 3, -4, 5
35) Beth yw ystyr neu arwyddocâd gwyriad safonol?

Llinellau Syth y Dylech eu Gwybod

Dylech wybod y graffiau syml hyn heb unrhyw anhawster:

1) Llinellau Llorwedd a Fertigol: "$x = a$" ac "$y = b$"

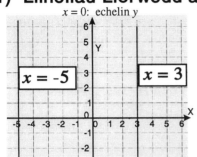

☞❚ **Llinell fertigol** trwy "a" ar yr echelin x yw $x = a$

Llinell lorwedd trwy "b" ar yr echelin y yw $y = b$ ☞

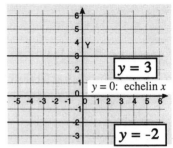

Cofiwch: **yr echelin y yw'r llinell $x = 0$**

Cofiwch: **yr echelin x yw'r llinell $y = 0$**

2) Y Prif Groesliniau: "$y = x$" ac "$y = -x$"

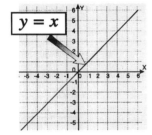

☞❚ "$y = x$" yw'r **brif groeslin** sy'n mynd **TUAG I FYNY** o'r chwith i'r dde.

"$y = -x$" yw'r **brif groeslin** sy'n mynd **TUAG I LAWR** o'r chwith i'r dde. ☞

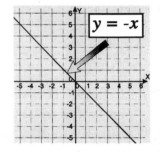

3) Llinellau eraill sy'n goleddu trwy'r tardd:

"$y = ax$" ac "$y = -ax$"

$y = ax$ ac $y = -ax$ yw hafaliadau **LLINELL SY'N GOLEDDU TRWY'R TARDD**.

Gwerth "a" yw **GRADDIANT y llinell**, felly **po FWYAF y rhif, MWYAF y goledd**, ac mae ARWYDD MINWS yn dweud bod y goledd TUAG I LAWR fel y dangosir yma:

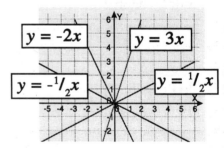

Pob Llinell Syth Arall

Mae hafaliadau llinellau syth eraill ychydig yn fwy cymhleth ac mae'r ddau dudalen nesaf yn dangos tri dull ar gyfer eu llunio. Y cam cyntaf, fodd bynnag, yw gwybod sut i'w hadnabod yn y lle cyntaf. Cofiwch:

Mae pob hafaliad llinell syth yn cynnwys " rhywbeth x, rhywbeth y, a rhif".

Llinellau syth:		NID llinellau syth:	
$x - y = 0$	$y = 2 + 3x$	$y = x^3 + 3$	$2y - 1/x = 7$
$2y - 4x = 7$	$4x - 3y = 7$	$1/y + 1/x = 2$	$x(3 - 2y) = 3$
$3y + 3x = 12$	$6y - x - 7 = 0$	$x^2 = 4 - y$	$xy + 3 = 0$
$5(x + 3y) = 5$	$12x - 7 = 3(x + 4y)$	$2x + 3y = xy$	$y = \frac{1}{2} \text{SIN } x$

Y Prawf Hollbwysig

DYSGWCH yr holl graffiau penodol ar y tudalen hwn a hefyd sut i **adnabod hafaliadau llinellau syth**.

Yna cuddiwch y tudalen ac ysgrifennwch bopeth rydych wedi'i ddysgu.

Plotio Graffiau Llinell Syth

Mae hafaliadau llinell syth yn weddol hawdd i'w hadnabod. Maent yn cynnwys **dwy lythyren** yn unig ac **ychydig o rifau**, ond **dim byd cymhleth** fel x ac y wedi eu sgwario neu eu ciwbio. (Gweler enghreifftiau ar t. 61.)

Beth bynnag, yn yr arholiad bydd disgwyl i chi lunio graff hafaliad llinell syth. "$y = mx + c$" yw'r ffordd anodd o wneud hyn (gweler t. 63). Dyma **DDWY FFORDD HAWDD** o wneud y gwaith:

Dull y "Tabl Tri Gwerth"

Gallwch lunio graff **UNRHYW HAFALIAD** drwy ddefnyddio'r dull **HAWDD** hwn:

1) Dewiswch **3 O WERTHOEDD** x a lluniwch dabl,
2) **CYFRIFWCH WERTHOEDD** y ar gyfer pob gwerth x,
3) **PLOTIWCH Y CYFESURÝNNAU** a **LLUNIWCH Y LLINELL**.

Os yw'n **hafaliad llinell syth**, yna bydd y 3 phwynt yn ffurfio **llinell hollol syth**. Dyma'r ffordd arferol o **wirio'r llinell ar ôl ei llunio**. **Os nad yw'n llinell syth**, yna efallai mai **cromlin** sydd yma a bydd raid i chi roi **mwy o werthoedd yn eich tabl** i weld beth sy'n digwydd (t. 66).

Enghraifft: "Lluniwch graff $y = 2x - 3$"

1) **LLUNIWCH DABL** gan ddefnyddio gwerthoedd addas ar gyfer x. Mae dewis $x = 0, 2, 4$ fel arfer yn ddigon da. h.y.

x	0	2	4
y			

2) **DARGANFYDDWCH WERTHOEDD** y drwy roi pob gwerth x yn yr hafaliad:

x	0	2	4
y	-3	1	5

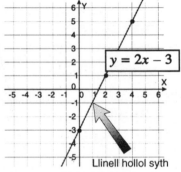

e.e. Pan yw $x = 4$, $y = 2x - 3 = 2 \times 4 - 3 = 8 - 3 = 5$

3) **PLOTIWCH Y PWYNTIAU** a **LLUNIWCH Y LLINELL**.

Llinell hollol syth

Dull "$x = 0$", "$y = 0$"

Mae hwn yn ddull da ar gyfer hafaliadau rhaglennu llinol nodweddiadol yn y ffurf : "$ax + by = c$"

1) **Rhoi $x = 0$** yn yr hafaliad, a **DARGANFOD** y – dyma lle mae'n **CROESI'R ECHELIN** y.
2) **Rhoi $y = 0$** yn yr hafaliad, a **DARGANFOD** x – dyma lle mae'n **CROESI'R ECHELIN** x.
3) **Plotio'r ddau bwynt hyn** a'u **cysylltu â llinell** – gan obeithio cael llinell syth.

Enghraifft "Lluniwch graff $5x + 3y = 15$"

1) Mae rhoi $x = 0$ yn arwain at "$3y = 15$" $\Rightarrow$ $y = 5$
2) Mae rhoi $y = 0$ yn arwain at "$5x = 15$" $\Rightarrow$ $x = 3$
3) Felly plotiwch $y = 5$ ar echelin y ac $x = 3$ ar echelin x a chysylltwch nhw â llinell syth:

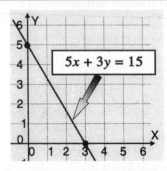

Mae defnyddio 2 bwynt yn unig braidd yn beryglus, oni bai eich bod yn hollol siŵr mai llinell syth yw'r hafaliad.

Y Prawf Hollbwysig

DYSGWCH fanylion y **DDAU DDULL HAWDD HYN**, yna **cuddiwch y tudalen ac ysgrifennwch yr holl fanylion**.

1) Lluniwch y graffiau hyn gan ddefnyddio'r **ddau** ddull
   a) $y = 4 + x$ **b)** $4y + 3x = 12$ **c)** $y = 6 - 2x$

Graffiau Llinell Syth: "$y = mx + c$"

Efallai mai defnyddio "$y = mx + c$" yw'r dull "cywir" o ddelio â hafaliadau llinellau syth, ac mae'n braf iawn os gallwch ei ddefnyddio. Y peth cyntaf fydd raid i chi ei wneud yw aildrefnu'r hafaliad a'i roi yn y ffurf safonol "$y = mx + c$" fel hyn:

Llinellau syth:		Wedi eu haildrefnu yn "$y = mx + c$"	
$y = 2 + 3x$	$\rightarrow$	$y = 3x + 2$	($m = 3$, $c = 2$)
$2y - 4x = 7$	$\rightarrow$	$y = 2x + 3\frac{1}{2}$	($m = 2$, $c = 3\frac{1}{2}$)
$x - y = 0$	$\rightarrow$	$y = x + 0$	($m = 1$, $c = 0$)
$4x - 3 = 5y$	$\rightarrow$	$y = 0.8x - 0.6$	($m = 0.8$, $c = 0.6$)
$3y + 3x = 12$	$\rightarrow$	$y = -x + 4$	($m = -1$, $c = 4$)

COFIWCH: "m" yw **GRADDIANT** y llinell.

"c" yw **rhyngdoriad y** (lle mae'r graff yn torri'r echelin y)

GOFALWCH: mae'n ddigon hawdd cymysgu "m" ac "c", yn enwedig yn y ffurf "$y = 5 + 2x$" dyweder.

COFIWCH mai'r rhif **O FLAEN** x yw "m" ac mai "c" yw'r rhif sydd **AR EI BEN EI HUN**.

1) Braslunio Llinell Syth gan ddefnyddio $y = mx + c$

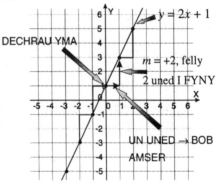

1) Ysgrifennwch yr hafaliad yn y ffurf "$y = mx + c$"
2) **Rhowch smotyn ar yr echelin y** lle mae gwerth c
3) Yna ewch **YMLAEN UN UNED** ac **i fyny neu i lawr** yn ôl **gwerth m** a rhoi smotyn arall.
4) **Ailadroddwch** yr un "cam" yn y **ddau gyfeiriad** fel y dangosir:
5) Yn olaf gwiriwch fod y graddiant yn **EDRYCH YN IAWN**

Mae'r graff a ddangosir yma yn dangos y broses ar gyfer yr hafaliad "$y = 2x + 1$":

1) "c" = 1, felly rhowch y smotyn cyntaf yn $y = 1$ ar yr echelin y.
2) Ewch 1 uned $\rightarrow$ ac yna i fyny 2 oherwydd bod "$m = +2$".
3) Gwnewch yr un cam eto, $1 \rightarrow 2$ $\uparrow$ yn y **ddau** gyfeiriad.
4) GWIRIWCH: dylai **graddiant o +2** fod yn **eithaf serth tuag i fyny o'r chwith i'r dde** – ac felly y mae.

2) Darganfod Hafaliad Graff Llinell Syth

Dyma'r broses wrthdro ac mae'n **HAWS**:

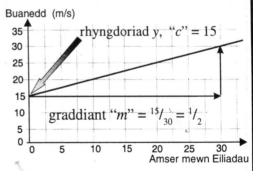

1) Chwiliwch am y **ddau newidyn** (e.e. "x" ac "y" neu "t" a "b") ar y ddwy echelin.
2) **Darganfyddwch werth "m"** (graddiant) ac **"c"** (rhyngdoriad y) o'r graff.
3) Rhowch y gwerthoedd hyn ar gyfer "m" ac "c" **yn ffurf safonol yr hafaliad** "$y = mx + c$".

Yn yr uchod mae "$b = \frac{1}{2}t + 15$"

Y Prawf Hollbwysig

DYSGWCH sut i adnabod hafaliadau llinellau syth a'r **8 RHEOL** ar gyfer llunio'r llinellau a **darganfod yr hafaliadau**

1) Brasluniwch y graffiau canlynol: **a)** $y = 2 + x$ **b)** $y = x + 6$ **c)** $4x - 2y = 0$
ch) $y = 1 - \frac{1}{2}x$ **d)** $x = 2y + 4$ **dd)** $2x - 6y - 8 = 0$ **e)** $0.4x - 0.2y = 0.5$ **f)** $y = 3 - x + 2$

Rhaglennu Llinol

Gall ateb cwestiwn llawn ar raglennu llinol olygu digon o farciau i roi un gradd yn uwch i chi, ond bydd raid i chi ei ateb yn gywir.

Er eu bod yn eithaf anodd mae **CWESTIYNAU RHAGLENNU LLINOL I GYD YN DILYN YR UN PATRWM** ac mae'n bwysig eich bod yn sylweddoli pa mor **AILADRODDUS** ynddynt.

Y ffordd orau i egluro'r **TRI CHAM** sy'n digwydd **YM MHOB** cwestiwn ar raglennu llinol yw trwy roi enghraifft nodweddiadol. Rhaid **DYSGU** pob cam o'r dull canlynol:

1) Trawsnewid y Brawddegau yn Hafaliadau

Mae gan Siop y Gornel ddau gynnyrch sy'n gwerthu'n hynod o dda: **"Saws Tatws Lympiog Anti Beti"** a **"Chawl Pupur Poeth Anti Beti"**. Mae gwerthiant y ddau gynnyrch hyn wedi ei gyfyngu gan y ffactorau canlynol:

1) Yn dilyn prinder mawr o datws lympiog, **200 potel** y mis yn unig sydd ar gael o'r saws i'w gwerthu.

2) Mae'r Adran Iechyd leol wedi deddfu **na ddylid gwerthu cyfanswm o fwy na 250 eitem o'r ddau gynnyrch hyn y mis.**

3) Mae cwmni Anti Beti ei hun yn mynnu **y dylai pob adwerthwr werthu o leiaf gymaint o saws ag o gawl**.

Gan ddefnyddio L i gynrychioli nifer y poteli Saws Tatws Lympiog a werthir a P i gynrychioli nifer y tuniau Cawl Pupur Poeth, ysgrifennwch dri anhafaledd.

ATEB

1) Mae'n weddol amlwg mai'r ffordd i ysgrifennu'r amod cyntaf yw: $L \leqslant 200$

2) Nid yw'n waith anodd trawsnewid yr ail frawddeg chwaith yn: $L + P \leqslant 250$

3) Mae hyn ychydig yn galetach ac eto yn eithaf rhwydd: $L \geqslant P$

Mae'r set hon o **DRI AMOD** yn **nodwedd allweddol o gwestiynau ar Raglennu Llinol**, ac nid yw'r dull o'u trawsnewid yn hafaliadau **mor anodd** â hynny, ddim ond i chi **DDYSGU** beth i'w wneud.

Os edrychwch ar y **mynegiadau mathemategol** a'r rhannau sydd **wedi eu tanlinellu** yn y gosodiadau cyfatebol, **mae'n eithaf hawdd** gweld sut mae eu trawsnewid.

2) Llunio'r Graffiau

1) TROI POB ANHAFALEDD YN HAFALIAD

– yn syml rhowch "=" yn lle'r symbolau ">" a "<" – (hawdd iawn):

$$L \leqslant 200 \quad \rightarrow \quad L = 200$$
$$L + P \leqslant 250 \quad \rightarrow \quad L + P = 250$$
$$L \geqslant P \quad \rightarrow \quad L = P$$

Gellir ysgrifennu'r hafaliadau hyn nawr yn hawdd fel llinellau syth ar graff, gan ddefnyddio'r dulliau yr ydych wedi eu dysgu'n drylwyr ar y tudalennau blaenorol.

Rhaglennu Llinol

Tywyllu'r Rhanbarth

Wedi i chi lunio'r tair llinell **maent yn sicr o amgáu rhanbarth** sef y rhanbarth **y bydd disgwyl i chi ei dywyllu**.

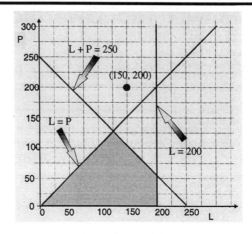

Yn yr achos hwn, fodd bynnag, gwelwch fod dau ranbarth wedi eu hamgáu, felly mae'n rhaid i chi feddwl yn fwy gofalus:

Os edrychwch ar yr anhafaledd "L + P ⩽ 250" mae'n rhaid i chi benderfynu ar ba ochr i'r llinell "L + P = 250" mae hwn – uwch ei ben neu oddi tano.

Mae hyn yn ddigon hawdd, rydych yn dewis pwynt ar y graff, un ai uwchben neu o dan y llinell a phenderfynu a yw ei gyfesurynnau'n ffitio'r anhafaledd.

E.e. Os ydych yn dewis y pwynt (150, 200), fel y dangosir, yna L + P = 150 + 200 = 350.

Yn sicr, nid yw hyn yn "⩽ 250" felly mae'n rhaid fod y rhanbarth yr ydym yn chwilio amdano yr ochr arall i'r llinell, h.y. oddi tani.

3) Darganfod y Pwynt Optimwm

Mae'r cwestiwn bob amser yn crybwyll rhyw swm (INCWM fel arfer), a rhaid ei OPTIMEIDDIO (h.y. ei wneud **mor fawr neu mor fach ag sydd bosibl**) o fewn y rhanbarth tywyll:

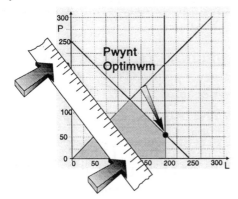

Er Enghraifft:

"Prisiau'r cynhyrchion hyn yw **£2 am botel o Saws Tatws Lympiog**, a **£1.50 am dun o Gawl Pupur Poeth**. Beth yw'r **incwm** mwyaf posibl, a dywedwch faint o bob cynnyrch a werthir bob mis."

Gyda gwybodaeth fel hyn ni ddylech gael trafferth i ysgrifennu hafaliad syml fel hwn:
"Incwm = 2L + 1.5P"

Nawr, wedi i chi gael hafaliad ar gyfer incwm (neu beth bynnag) rhaid i chi gofio'r rhannau anodd hyn:

1) **DEWISWCH WERTH ADDAS** ar gyfer yr incwm. Byddai £300 yn addas yn yr achos hwn.
2) Mae hyn yn rhoi 2L + 1.5P = 300, **sy'n cael ei blotio gan ddefnyddio'r dull x = 0, y = 0**.
3) Nawr gosodwch eich pren mesur ar hyd y llinell hon a **llithrwch ef tuag at yr eithaf allanol**.
4) Mae'r pwynt olaf sydd ar ôl yn y rhanbarth yn cynrychioli'r **cyfuniad optimwm**, sef, yn yr achos hwn, gwerthu 200 o boteli o Saws a 50 tun o Gawl a derbyn **£475**   (2L + 1.5P)

Y Prawf Hollbwysig

DYSGWCH HOLL GAMAU'R DULL sydd ar y ddau dudalen hyn. Yna **cuddiwch y 2 dudalen** a **gweld faint rydych yn ei wybod**.

1) Ymarferwch yr enghraifft uchod nes gallwch ei gwneud yn hawdd.
2) Ail-wnewch y cwestiwn gan ddefnyddio'r ffigurau newydd canlynol: Mae pris Cawl Pupur Poeth yn codi i £3 y tun, a gellir gwerthu hyd at 300 eitem yn fisol.

Cwestiynau Nodweddiadol ar Graffiau

Llenwi'r Tabl Gwerthoedd

Cwestiwn nodweddiadol: "Llanwch y tabl gwerthoedd ar gyfer yr hafaliad $y = x^2 - 4x + 3$"

x	-2	-1	0	1	2	3	4	5	6
y			0				3		15

Mae gweddill y cwestiwn yn dibynnu ar y tabl gwerthoedd hwn a gallai gwneud camgymeriad gwirion yma olygu colli llawer o farciau – **RHAID I CHI WNEUD YN SIŴR EICH BOD YN CAEL Y RHIFAU YN GYWIR**:

1) Yn gyntaf, **GWNEWCH YN SIŴR EICH BOD YN GALLU ATGYNHYRCHU UNRHYW WERTHOEDD SYDD WEDI CAEL EU RHOI EISOES.**
2) Ar ôl i chi benderfynu pa ddull i'w ddefnyddio, cyfrifwch y gwerthoedd eraill **O LEIAF DDWYWAITH.**
3) Ceisiwch weld unrhyw **GYMESUREDD** neu **BATRWM** yn y gwerthoedd, a gwiriwch bob un nad yw'n ffitio'n iawn.

Dylech allu cyfrifo pob gwerth ar un tro ar eich cyfrifiannell, ond os nad yw pethau'n gweithio bydd raid i chi ddefnyddio **DULL MWY DIOGEL**. Ar gyfer pob gwerth yn y tabl mae'n beth doeth ysgrifennu'r canlynol:

$x = 4$

$$y = x^2 - 4x + 3$$
$$= 4^2 - 4 \times 4 + 3$$
$$= 16 - 16 + 3 = 3$$

Mae'n werth gwneud hyn os yw'n golygu eich bod yn ei gael yn GYWIR yn hytrach nag yn ANGHYWIR!

Plotio Pwyntiau a Llunio Cromlin

Yma eto, mae **marciau yn y fantol!**

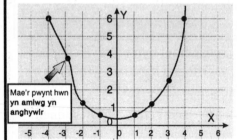

Mae'r pwynt hwn yn amlwg yn anghywir

1) **RHOWCH YR ECHELINAU YN EU LLE CYWIR**: Mae'r gwerthoedd o'r **rhes neu'r golofn GYNTAF** BOB AMSER yn cael eu plotio **ar yr echelin x.**
2) **PLOTIWCH Y PWYNTIAU YN OFALUS**, a pheidiwch â chymysgu gwerthoedd x ac y.
3) Bydd y pwyntiau bob amser yn ffurfio **LLINELL HOLLOL SYTH** neu **GROMLIN HOLLOL LEFN. PEIDIWCH BYTH** â gadael i un pwynt dynnu eich **llinell** i gyfeiriad annerbyniol. Os bydd un pwynt yn ymddangos yn anghywir, yna **gwiriwch y gwerth a gyfrifwyd** yn y tabl ac yna gwiriwch eich bod wedi ei blotio'n gywir. Pan fo graff yn cael ei lunio o hafaliad, **nid ydych byth yn cael pigynnau neu lympiau** – dim ond CAMGYMERIADAU.
4) Dylid llunio graff o **HAFALIAD ALGEBRAIDD** yn **GROMLIN LEFN** (neu linell hollol syth). Yr unig adeg y byddwch yn defnyddio llawer o ddarnau o linellau syth byr yw i gysylltu pwyntiau mewn "**Trafod Data**".

Y Prawf Hollbwysig

DYSGWCH 3 rheol tablau gwerthoedd a 4 pwynt llunio graffiau, yna cuddiwch y tudalen ac ysgrifennwch nhw.

1) Cwblhewch y tabl o werthoedd ar dop y tudalen (gan ddefnyddio'r tair rheol wrth gwrs).
2) Yna **lluniwch y graff** gan ystyried y pedwar pwynt uchod.
3) Defnyddiwch eich graff i ddarganfod **gwerth y pan yw x yn 4.2**, a **gwerthoedd x pan yw $y = 12$.**

Datrys Hafaliadau Gan Ddefnyddio Graffiau

1) Un Hafaliad – Un Graff

Dyma'r math hawsaf – rydych yn **llunio graff o'r hafaliad** ac yna'n **tynnu llinellau o un o'r ddwy echelin i'w gyfarfod**. Dylech fod yn **DISGWYL** i hyn ddigwydd, oherwydd **dyma'r drefn symlaf a mwyaf amlwg** gyda graffiau.

> **Enghraifft:** Mae uchder, u, carreg sy'n cael ei thaflu yn cael ei roi gan yr hafaliad $u = 25t - 5t^2$. Gan ddefnyddio **dull graffigol** darganfyddwch **a)** yr amserau pan fydd uchder y garreg yn 25m a **b)** ei huchder ar ôl $2^1/_2$ eiliad.

ATEB:

1) Yn gyntaf, **lluniwch graff o'r hafaliad**, gan wneud eich **tabl gwerthoedd** eich hun os oes angen.

amser	0	1	2	3	4	5
uchder	0	20	30	30	20	0

2) Lluniwch y graff. **Sylwch ar y COPA CRWM. PEIDIWCH BYTH** â chysylltu'r ddau bwynt sydd yn ymyl y copa â **llinell syth wirion**.

Naaa!

3) **Tynnwch linell I FYNY neu AR DRAWS** o'r echelin (gan ddefnyddio'r gwerth a roddir), **cyrraedd y gromlin** ac yna **AR DRAWS neu I LAWR** i'r echelin arall a **darllen beth yw'r gwerth**. Hawdd iawn.

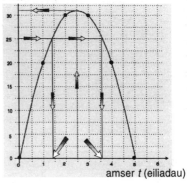

uchder u (metrau)

amser t (eiliadau)

O edrych ar y graff, gallwn weld mai'r atebion i'r cwestiwn hwn yw **a)** 1.4s a 3.6s **b)** 31m.

2) Dau Hafaliad a Dau Graff

Pan fo gennych **ddau graff** sy'n cynrychioli **dau hafaliad gwahanol**, gall y cwestiwn gael ei gyflwyno mewn dwy ffordd: **DAU HAFALIAD CYDAMSEROL** neu un **HAFALIAD CYFUN**. Yn y ddau achos bydd **YR ATEBION** yn y **MANNAU LLE BYDD Y DDAU GRAFF YN CROESI** (eithaf amlwg!)

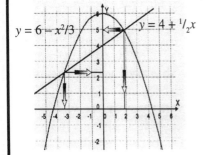

$y = 6 - x^2/3$ $y = 4 + {}^1/_2 x$

Mae'r **DDWY** enghraifft hyn yn perthyn i'r graffiau a ddangosir:

> **ENGHRAIFFT 1)** Datryswch y ddau **hafaliad cydamserol**:
> $$y = 4 + \frac{x}{2} \text{ ac } y = 6 - \frac{x^2}{3}$$
> **ATEB:** $x = 1.8, y = 4.9$, neu $x = -3.3, y = 2.3$

> **ENGHRAIFFT 2)** Defnyddiwch y graffiau i ddatrys **yr hafaliad**:
> $$\frac{x^2}{3} + \frac{x}{2} - 2 = 0$$
> **ATEB:** $x = 1.8$ **neu** $x = -3.3$

(Mae hafalu'r 2 hafaliad yn rhoi : $6 - \frac{x^2}{3} = 4 + \frac{x}{2}$, dewch â phopeth drosodd i un ochr a byddwch yn cael yr hafaliad sydd yn Enghraifft 2.)

Hyd yn oed os nad ydych yn siŵr, gallwch **DDYFALU** mai'r ateb yw'r pwyntiau croestoriad a nodi hynny. **HEFYD** sylwch eich bod yn rhoi'r **gwerthoedd x yn ogystal â'r gwerthoedd y** ar gyfer **hafaliadau cydamserol** tra mai **dim ond gwerthoedd x** rydych yn eu rhoi ar gyfer **hafaliad cyfunol**.

Y Prawf Hollbwysig

DYSGWCH Y MANYLION PWYSIG sydd ar y tudalen, yna **cuddiwch y tudalen ac ysgrifennwch nhw**. Daliwch ati nes byddwch yn llwyddo.

1) Lluniwch graffiau $y = 2x^2 - 4$ ac $y = 2 - x$ a thrwy hyn datryswch $2x^2 + x = 6$.

Tangiadau a Graddiant

Llunio Tangiadau

Mae hyn yn hawdd iawn. Dewch â'ch pren mesur i fyny'n raddol yn erbyn y gromlin nes bydd **yn prin gyffwrdd yn y pwynt cywir** lle mae'r ddwy ongl o bobtu yn ymddangos yr yn faint. Yna **gwnewch ddigon o le** i'ch pensil ffitio rhwng y pren mesur a'r gromlin, ac yna tynnwch y llinell.

Cyfrifo'r Graddiant

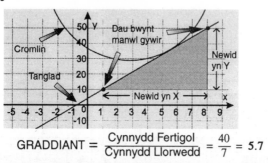

$$\text{GRADDIANT} = \frac{\text{Cynnydd Fertigol}}{\text{Cynnydd Llorwedd}} = \frac{40}{7} = 5.7$$

Mae rhai pethau all arwain at **gamgymeriadau**.

Unwaith eto, fodd bynnag, os byddwch yn **dysgu a dilyn y camau isod** a'u trin fel **DULL PENODOL**, cewch lawer mwy o lwyddiant nag arfer.

1) Dewiswch DDAU BWYNT MANWL GYWIR, sy'n eithaf pell oddi wrth ei gilydd

Y ddau yn y pedrant uchaf ar y dde os yn bosibl (i gadw'r holl rifau'n bositif a thrwy hynny leihau'r posibilrwydd o gamgymeriadau).

2) CWBLHEWCH Y TRIONGL fel y dangosir

3) Darganfyddwch beth yw'r **NEWID YN Y** a'r **NEWID YN X**

Gwnewch yn siŵr eich bod yn gwneud hyn gan ddefnyddio'r GRADDFEYDD ar yr echelinau *y* ac *x*, **nid trwy rifo rhaniadau!**
(Felly yn yr enghraifft uchod, NID 4 rhaniad yw'r newid yn Y, ond 40 uned ar yr echelin *y*.)

4) DYSGWCH y fformwla hon a defnyddiwch hi:

$$\text{GRADDIANT} = \frac{\text{CYNNYDD FERTIGOL}}{\text{CYNNYDD LLORWEDD}}$$

Cofiwch osod y rhain yn y drefn gywir!

5) Yn olaf, penderfynwch a yw'r graddiant yn **BOSITIF** neu'n **NEGATIF**

Os yw'n goleddu **I FYNY**, chwith → dde (↗) **yna mae'n +if**
Os yw'n goleddu **I LAWR**, chwith → dde (↘) **yna mae'n –if** (felly rhowch "–" o'i flaen)

Y Prawf Hollbwysig

DYSGWCH y dull ar gyfer **llunio tangiadau** a'r **PUM CAM** ar gyfer **darganfod graddiant**. Yna **cuddiwch y tudalen** ac **YSGRIFENNWCH NHW** oddi ar eich cof.

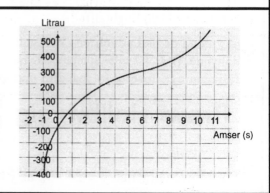

1) Cyfrifwch raddiant y gromlin hon pan yw'r amser yn 9 eiliad.

Ystyr Arwynebedd a Graddiant

Darganfod Arwynebedd Bras – Y Dull Trapesiwm

Cewch fformwla'r dull trapesiwm trwy **rannu arwynebedd o dan gromlin** yn **DRAPESIYMAU**.
Mae angen i chi **DDYSGU**'r fformwla a gwybod sut i'w defnyddio.

$$\text{Arwynebedd} = h(^1/_2(y_0 + y_n) + y_1 + y_2 + y_3 \ldots + y_{n-1})$$

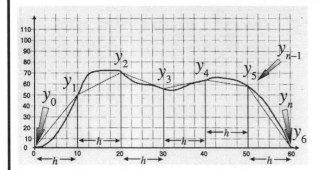

Yr arwynebedd bras o dan y graff a ddangosir yma rhwng $x = 0$ ac $x = 60$ yw:

Arwynebedd
$= h(^1/_2(y_0 + y_n) + y_1 + y_2 + y_3 \ldots + y_{n-1})$
$= 10(^1/_2(0 + 0) + 50 + 70 + 55 + 63 + 58)$
$= 10(296) = \textbf{2960 uned}$

Sylwch nad oes raid i y_0 ac y_n fod yn sero, pe byddem angen yr arwynebedd rhwng $x = 10$ ac $x = 50$, dyweder.

Beth yw YSTYR Arwynebedd o Dan y Graff?

Y peth hollbwysig yma yw **UNED yr Echelin Fertigol** fydd yn ryw fath o **GYFRADD**, h.y. **"RHYWBETH Y RHYWBETH ARALL"**. Y cwbl sydd raid i chi ei wneud yw diddymu **"Y RHYWBETH ARALL"** o'r unedau hynny a bydd y **"RHYWBETH"** sydd ar ôl yn rhoi'r hyn a gynrychiolir gan yr arwynebedd o dan y graff. (Yr arwynebedd yw "**CYFANSWM** Y RHYWBETH".)

E.e. 1) Os **cyflymder** yw'r echelin fertigol (yn cael ei fesur mewn **"METRAU YR EILIAD"**), yna diddymwch "yr eiliad" ac mae'n rhaid bod yr arwynebedd o dan y graff yn cynrychioli "metrau", neu yn hytrach GYFANSWM Y METRAU, h.y. **YR HOLL BELLTER A DEITHIWYD.**

2) Os **"Pobl y funud"** (yn mynd i sŵ, dyweder) sydd ar yr echelin fertigol, yna diddymwch "y funud" a bydd yr arwynebedd o dan y graff yn cynrychioli **NIFER Y BOBL.**

Beth yw YSTYR Graddiant Graff?

Beth bynnag yw'r graff, mae **YSTYR Y GRADDIANT** bob amser yr un fath:

(UNEDAU echelin y) Y / YR (UNED echelin x)

ENGHREIFFTIAU:

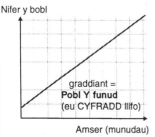

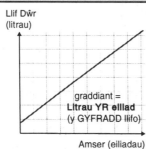

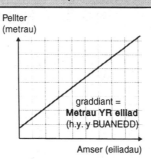

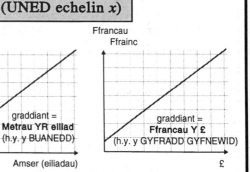

Wedi i chi ysgrifennu'r geiriau "**rhywbeth Y / YR rhywbeth arall**" gan ddefnyddio UNEDAU echelin y ac echelin x, yna mae'n eithaf hawdd gweld beth mae'r graddiant yn ei gynrychioli.

Y Prawf Hollbwysig

DYSGWCH y 3 Rhan, yna **cuddiwch y tudalen** ac **ysgrifennwch y prif fanylion oddi ar eich cof.**

1) Pe byddwn yn llunio graff "Milltiroedd a deithiwyd" i fyny echelin y a "Galwyni a ddefnyddiwyd" ar hyd echelin x, ac yn cyfrifo graddiant y graff, pa wybodaeth a roddai hyn imi?

2) Ar graff "Babanod a anwyd y funud" yn erbyn "Amser mewn munudau", beth fyddai'r arwynebedd o dan y graff yn ei gynrychioli?

3) Cyfrifwch arwynebedd y graff uchaf rhwng $x = 10$ ac $x = 50$ gan ddefnyddio'r Dull Trapesiwm.

Pedwar Graff y Dylech eu Hadnabod

Mae pedwar math o graff y dylech wybod beth yw eu siâp dim ond wrth edrych ar eu hafaliadau – mae hyn yn eithaf hawdd.

1) Graffiau Llinell Syth: "$y = mx + c$" (Dim x^2, x^3 nac $\frac{1}{x}$ yn yr hafaliad)

Dylech wybod llawer am y rhain: t. 61 hyd at t. 63.

Enghreifftiau: $y = 3x + 2$, $\quad 3y - 3 = x$, $\quad 4x - 5 + 2y = 0$, $\quad x - y = 12$

2) Siapiau Bwced: x^2 "$y = ax^2 + bx + c$" (lle gall b ac/neu c fod yn sero)

Sylwch fod gan bob un o'r graffiau hyn **yr un siâp bwced CYMESUR** ac os oes "minws" o flaen y rhan x^2 yna mae'r bwced **â'i ben i lawr**.

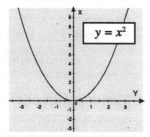

$y = x^2$

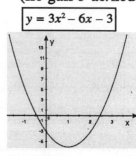

$y = 3x^2 - 6x - 3$

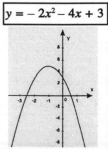

$y = -2x^2 - 4x + 3$

3) Graffiau x^3 "$y = ax^3 + bx^2 + cx + d$" (lle gall b, c ac/neu d fod yn sero)

(Y pŵer uchaf yw x^3 ac nid oes rhannau yn cynnwys $\frac{1}{x}$ etc.)

Mae pob graff x^3 yn cynnwys yr un **tro dwbl** sylfaenol yn y canol, ond gall fod yn dro dwbl fflat neu'n dro dwbl mwy sylweddol. Sylwch fod "**graffiau -x^3**" bob amser yn dod **i lawr o'r top ar y chwith** tra bo graffiau **+x^3** yn mynd i **fyny o'r gwaelod ar y chwith**.

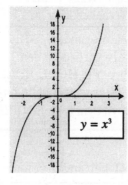

$y = x^3$

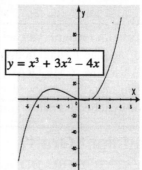

$y = x^3 + 3x^2 - 4x$

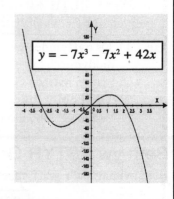

$y = -7x^3 - 7x^2 + 42x$

4) Graffiau $\frac{1}{x}$: $\quad y = \frac{a}{x}$, neu $xy = a$ (lle mae a yn rhif (+ neu –))

$y = \frac{4}{x}$ neu $xy = 4$ $\qquad\qquad\qquad\qquad$ $y = -\frac{4}{x}$ neu $xy = -4$

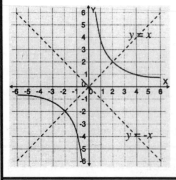

Mae'r graffiau hyn i gyd **yr un siâp sylfaenol**, ac eithrio bod y rhai negatif yn y pedrannau sydd gyferbyn â'r rhai positif (fel y dangosir). Nid yw dau hanner y graff yn cyffwrdd. Maent i gyd yn **gymesur o boptu'r llinellau $y = x$ ac $y = -x$**. Dyma'r graff a gewch hefyd pan fydd x ac y mewn **cyfrannedd wrthdro**. (Gweler t. 81)

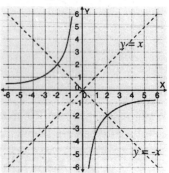

Y Prawf Hollbwysig

DYSGWCH yr holl fanylion ynglŷn â'r **4 Math o Graff**, eu hafaliadau a'u siapiau. Yna **cuddiwch y tudalen** a gwnewch **frasluniau o dair enghraifft** o bob un.

1) Disgrifiwch y graffiau canlynol **mewn geiriau**: a) $y = 3x^2 + 2$ b) $y = 4 - x^3$ c) $yx = 2$ ch) $x + 2y = 6$ d) $x = -\frac{7}{y}$ dd) $3x^2 = y - 4x^3 + 2$ e) $y = x - x^2$

Graffiau – Darganfod eu Hafaliadau

Y syniad sylfaenol yma yw **darganfod hafaliad ar gyfer cromlin a roddir**, ac mae **pedwar prif fath** o hafaliad/cromlin yr ydych yn debyg o'u cael yn yr arholiad:

FFWYTHIANT SGWÂR: "$y = ax^2 + b$" **FFWYTHIANT CIWBIG:** "$y = ax^3 + b$"

FFWYTHIANT ESBONYDDOL: "$y = pq^x$" **FFWYTHIANT TRIG:** "$y = d \sin x + e$"

Mae'r dull yn hawdd:

Dull

1) Mae angen i chi ddarganfod **DAU** anhysbysyn yn yr hafaliad (e.e. a a b, neu p a q, etc.), sy'n golygu bod arnoch angen **DAU** bâr o werthoedd x ac y i'w rhoi yn yr hafaliad.

2) Cewch y rhain trwy ddewis **cyfesurynnau dau bwynt ar y graff**.

3) Dylech bob amser geisio **dewis pwyntiau sydd naill ai ar yr echelin x neu'r echelin y**.
(O wneud hyn bydd un o'r cyfesurynnau yn **SERO** a'r hafaliad felly yn haws i'w ddatrys)

Enghraifft

Cafwyd y graff isod o ddata arbrofol, ac mae'n ymddangos mai ffurf hafaliad y gromlin yw "$H = at^2 + b$". Defnyddiwch y graff i ddarganfod gwerthoedd ar gyfer y cysonion "a" a "b".

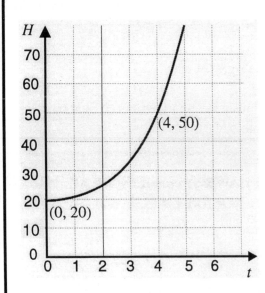

ATEB

Gallwn ddewis unrhyw ddau bwynt ar y graff, ond y dewisiadau mwyaf amlwg a synhwyrol yw'r ddau a nodir: (0, 20) a (4, 50). Y gorau o'r rhain yw (0, 20), a thrwy roi'r gwerthoedd hyn ar gyfer H a t yn yr hafaliad cawn:

$20 = 0 + b$ a gwyddom yn syth fod **$b = 20$**.

Nawr trwy ddefnyddio (4, 50), ynghyd â $b = 20$, cawn:

$$50 = a \times 16 + 20$$

sy'n rhoi:

$$a = \frac{50 - 20}{16} = 1.875 \quad \text{ac felly} \quad a = 1.9$$
(i 2 ffig. yst.)

Felly, yr hafaliad yw **$H = 1.9t^2 + 20$**

Os rhoddir un o'r hafaliadau eraill i chi, bydd y gwaith algebra ychydig yn wahanol. Fodd bynnag, mae'r dull sylfaenol bob amser yr un fath, felly gwnewch yn siŵr eich bod yn ei wybod!

Y Prawf Hollbwysig

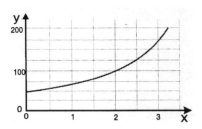

1) Credir bod y graff a ddangosir yma yn cael ei gynrychioli gan yr hafaliad $y = PQ^x$, lle mae P a Q yn gysonion anhysbys. Defnyddiwch y graff i ddarganfod gwerthoedd P a Q.

Graffiau – Symudiadau ac Ymestyniadau

Peidiwch â dychryn wrth weld y **nodiant ffwythiant** $f(x)$. Nid yw'n golygu unrhyw beth cymhleth. Mae'n ffordd arall o ddweud "mynegiad yn cynnwys x".

Mewn geiriau eraill, mae "$y = f(x)$" yn golygu "y = rhyw fynegiad digon cyffredin yn cynnwys x".

Mewn cwestiwn ar drawsffurfio graffiau defnyddir naill ai **nodiant ffwythiant** neu **ffwythiant hysbys**. **Dim ond pedwar math o drawsffurfiadau graff sydd**, felly **DYSGWCH nhw**. Dyma'r pedwar math gan ddechrau â'r hawsaf:

1) Ymestyniad y: $y = k \times f(x)$

Yma caiff y graff gwreiddiol $y = f(x)$ ei **ymestyn ar hyd yr echelin y** drwy luosi'r ffwythiant cyfan, $f(x)$, â rhif, **h.y. mae $y = f(x)$ yn dod yn $y = kf(x)$** (lle mae $k = 2$ neu 5 etc.). Os yw k yn llai nag 1, yna mae'r graff yn cael ei **gywasgu i lawr** i gyfeiriad yr echelin y:

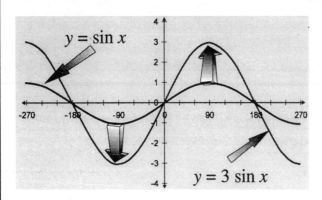

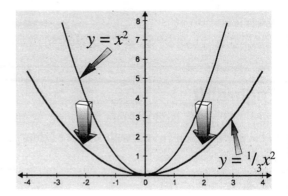

Mae'r graff hwn yn dangos
$$y = f(x) \text{ ac } y = 3f(x)$$
$$(y = \sin x \quad \text{ac} \quad y = 3 \sin x)$$

Mae'r graff hwn yn dangos
$$y = f(x) \text{ ac } y = \tfrac{1}{3} f(x)$$
$$(y = x^2 \quad \text{ac} \quad y = \tfrac{1}{3} x^2)$$

2) Symudiad y: $y = f(x) + a$

Dyma lle mae'r graff cyfan yn **llithro I FYNY NEU I LAWR yr echelin y** heb afluniad, a gwneir hyn drwy **adio rhif ar ddiwedd yr hafaliad**: $y = f(x) + a$.

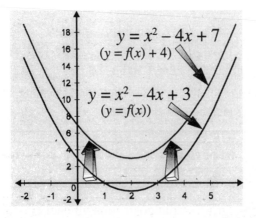

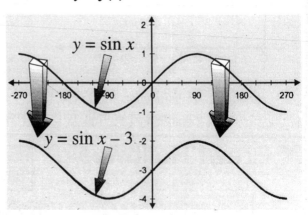

Mae hyn yn dangos $y = f(x)$ ac $y = f(x) + 4$
h.y. $y = x^2 - 4x + 3$, ac
$$y = (x^2 - 4x + 3) + 4$$
$$\text{neu } y = x^2 - 4x + 7$$

Mae hyn yn dangos $y = f(x)$ ac $y = f(x) - 3$
h.y. $y = \sin x \quad \text{ac} \quad y = \sin x - 3$

Graffiau – Symudiadau ac Ymestyniadau

3) Symudiad x: $y = f(x - a)$

Dyma lle mae'r **graff cyfan yn llithro i'r chwith neu i'r dde**, ac mae hyn yn digwydd pan fo **"$x - a$" yn cael ei roi yn lle "x"** ym mhob man yn yr hafaliad. Mae'r rhain braidd yn gymhleth gan eu bod yn mynd "**y ffordd anghywir**". Mewn geiriau eraill, os ydych eisiau mynd o $y = f(x)$ i $y = f(x - a)$ mae'n rhaid i chi symud y graff cyfan bellter "a" i'r cyfeiriad x **POSITIF** → (ac i'r gwrthwyneb).

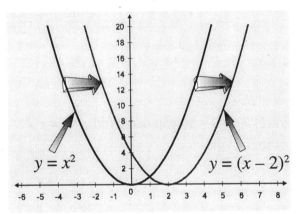

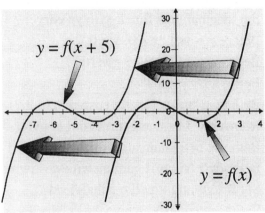

Mae'r graff hwn yn dangos
  $y = f(x)$ ac $y = f(x - 2)$
(h.y. $y = x^2$ ac $y = (x - 2)^2$)

Mae'r graff hwn yn dangos
  $y = f(x)$ ac $y = f(x + 5)$
(h.y. $y = x^3 - 4x$ ac $y = (x + 5)^3 - 4(x + 5)$)

4) Ymestyniad x: $y = f(kx)$

Mae'r rhain yn mynd "**y ffordd anghywir**" hefyd – pan yw'r "lluosydd" k yn "fwy nag 1" caiff graff $y = f(x)$ ei gywasgu, a phan yw k yn llai nag 1 caiff graff $y = f(x)$ ei ymestyn (sy'n groes i ymestyniad y.)

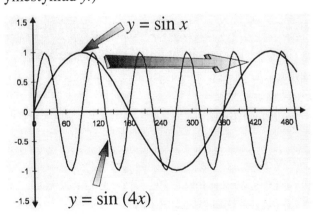

Mae'r graff hwn yn dangos
  $y = \sin x$ ac $y = \sin 4x$
Y graff cywasgedig yw $y = \sin 4x$.
Y ffordd i'w fraslunio yw cofio: os yw'r lluosydd yn 4, yna bydd y cywasgu 4 gwaith cymaint.

(Hyd cylchred gyfan 'i fyny ac i lawr' yn y graff cywasgedig i gyfeiriad yr echelin x yw $1/4$ hyd cylchred yn y graff gwreiddiol. Felly gallwch ffitio pedair cylchred o'r graff cywasgedig i un gylchred o'r graff gwreiddiol.)

Cofiwch: os yw k yn **llai nag 1**, yna mae'r graff yn **ymestyn**. Os y graff gwreiddiol $y = f(x)$ yw'r graff cywasgedig uchod, yna $y = f(x/4)$, â $k = 1/4$, fyddai'r graff ymestynedig.

Y Prawf Hollbwysig

DYSGWCH y **Pedwar math o Drawsffurfiadau Graff**, yn ogystal â'r effaith ar y fformwla a'r effaith ar y graff. **Yna cuddiwch y tudalennau a lluniwch ddwy enghraifft o'r 4 math.**

1) Brasluniwch y graffiau hyn: **a)** $y = x^2$ **b)** $y = x^2 - 4$ **c)** $y = 3x^2$ **ch)** $y = (x - 3)^2$
    d) $y = \cos x$ **dd)** $y = \cos(x + 30°)$ **e)** $y = \cos x + 3$ **f)** $y = 2\cos x - 4$

Crynodeb Adolygu Adran 5

Efallai fod y cwestiynau hyn yn ymddangos yn anodd, **ond dyma'r math gorau o adolygu allwch chi ei wneud**. Holl bwrpas adolygu yw **darganfod y pethau nad ydych yn eu gwybod** ac yna eu dysgu **nes byddwch yn eu gwybod**. Mae'r cwestiynau anodd hyn yn dangos faint rydych chi'n ei wybod. Maent yn dilyn trefn y tudalennau yn Adran 5, felly mae'n ddigon hawdd i chi wirio unrhyw beth nad ydych yn ei wybod.

Daliwch ati i ddysgu'r ffeithiau sylfaenol hyn nes byddwch yn eu gwybod.

1) Beth yw'r pedwar math o linellau syth y dylech eu gwybod?

2) Sut mae hafaliad llinell syth yn edrych?

3) Beth yw'r dull "$x = 0$, $y = 0$"?

4) Beth yw'r dull "tabl 3 gwerth"?

5) Beth yw "$y = mx + c$"?

6) Beth mae "m" ac "c" yn eu cynrychioli?

7) Rhowch y 5 cam angenrheidiol ar gyfer llunio graff "$5x = 2 + y$" gan ddefnyddio "$y = mx + c$".

8) Beth yw'r tri cham ar gyfer cael hafaliad o graff llinell syth?

9) Beth yw'r tri phrif gam mewn cwestiwn ar raglennu llinol?

10) Sut mae tynnu llinell o anhafaledd?

11) Sut mae penderfynu pa ochr i'r llinellau ddylai gael ei dywyllu?

12) Pa wybodaeth yn y cwestiwn sy'n rhoi hafaliad ar gyfer eich pren mesur?

13) Beth yw'r cam cyntaf anodd i gael llinell y gallwch osod eich pren mesur arni?

14) Beth rydych chi'n ei wneud gyda'ch pren mesur wedyn? A ble fydd yr ateb?

15) Rhestrwch y tri cham pwysig wrth lenwi tabl gwerthoedd o hafaliad.

16) Rhestrwch bedwar pwynt pwysig ar gyfer plotio graff.

17) A ellir defnyddio graffiau i ddatrys hafaliadau?

18) Disgrifiwch yn fanwl y tri cham ar gyfer datrys hafaliad gan ddefnyddio graffiau.

19) Eglurwch sut y gellir defnyddio dau graff i ddatrys hafaliadau cydamserol.

20) Beth yw ystyr "hafaliad cyfun", a sut mae ei ddatrys drwy ddefnyddio graffiau?

21) Beth yw'r tebygrwydd a'r prif wahaniaethau rhwng "datrys dau hafaliad cydamserol" a "datrys hafaliad cyfun" drwy ddefnyddio graffiau?

22) Nodwch y tri phwynt allweddol ar gyfer llunio tangiad.

23) Beth yw'r dull pum cam ar gyfer darganfod graddiant llinell?

24) I beth y caiff dull trapesiwm ei ddefnyddio?

25) Pam yr enw "dull trapesiwm"? Beth yw'r fformwla?

26) Beth yw'r rheol wrth benderfynu beth mae'r arwynebedd o dan graff yn ei gynrychioli?

27) Beth yw'r rheol i benderfynu'r hyn mae graddiant graff yn ei gynrychioli?

28) Disgrifiwch **mewn geiriau** a chyda brasluniau beth yw gwahanol ffurfiau'r graffiau hyn:

$$y = mx + c; \quad y = ax^2 + bx + c; \quad y = ax^3 + bx^2 + cx + d; \quad xy = a$$

29) Beth yw'r ddau gam ar gyfer adnabod "a" a "b" mewn hafaliad o edrych ar ei graff?

30) Rhestrwch y pedwar math o graff/hafaliad y dylech wybod sut i ddelio â nhw.

31) Faint o fathau o symudiadau ac ymestyniadau sydd mewn graffiau?

32) Lluniwch enghraifft o bob un o'r mathau gwahanol.

33) Eglurwch sut mae'r hafaliad yn cael ei newid ar gyfer pob un ohonynt.

34) Rhowch enghraifft o bob math: yr hafaliad wedi ei newid yn ogystal â braslun.

Amrywiol

Wrth ymwneud â RHIFAU NEGATIF, mae pawb yn gwybod Rheol 1. Weithiau rhaid defnyddio Rheol 2 yn ei lle, felly gwnewch yn siŵr eich bod yn gwybod Y DDWY reol a phryd i'w defnyddio.

Rheol 1

I'w defnyddio'n unig:

Mae	+	+	yn rhoi	+
Mae	+	–	yn rhoi	–
Mae	–	+	yn rhoi	–
Mae	–	–	yn rhoi	+

1) Wrth luosi neu rannu

E.e. $-2 \times 3 = -6$, $\quad -8 \div -2 = +4$ $\qquad -4p \times -2 = +8p$

2) Pan fydd dau arwydd yn ymddangos ochr yn ochr

E.e. $5 - {}^-4 = 5 + 4 = 9$ $\qquad 4 + {}^-6 - {}^-7 = 4 - 6 + 7 = 5$

Rheol 2

Y LLINELL RIF

Defnyddiwch hon wrth **ADIO NEU DYNNU.**

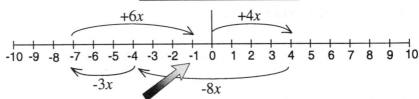

E.e. "Symleiddiwch $4x - 8x - 3x + 6x$" $\qquad$ Felly mae $4x - 8x - 3x + 6x = -1x$

Lluosi Llythrennau

Dyma'r nodiant a ddefnyddir mewn algebra.

1) "abc" yw "$a \times b \times c$" $\qquad$ Yn aml caiff yr arwydd $\times$ ei hepgor i wneud pethau'n fwy eglur.

2) "gn^2" yw "$g \times n \times n$" $\qquad$ Sylwch mai n yn unig sy'n cael ei sgwario, nid g hefyd.

3) "$(gn)^2$" yw "$g \times g \times n \times n$" $\qquad$ Mae'r cromfachau yn golygu bod y **DDWY** lythyren yn cael eu sgwario.

4) "$p(q-r)^3$" yw "$p \times (q-r) \times (q-r) \times (q-r)$" $\qquad$ Dim ond cynnwys y cromfachau sy'n cael ei giwbio.

5) Mae "-3^2" yn amwys. $\qquad$ Dylid ei ysgrifennu fel $(-3)^2 = 9$, neu $-(3^2) = -9$

Gwahaniaeth Rhwng Dau Sgwâr: $a^2 - b^2 = (a + b)(a - b)$

Mae "gwahaniaeth rhwng dau sgwâr" yn golygu "un peth wedi'i sgwario" tynnu "peth arall wedi'i sgwario". Yn yr arholiad efallai y bydd gofyn i chi ffactorio mynegiad "gwahaniaeth rhwng dau sgwâr" (h.y. ei roi mewn cromfachau fel uchod). Dysgwch yr hafaledd a nodir uchod. Dysgwch hefyd y tair enghraifft bwysig hyn:

1) **Ffactoriwch** $9x^2 - 16y^2$ $\qquad$ Ateb: $9x^2 - 16y^2 = (3x + 4y)(3x - 4y)$

2) **Ffactoriwch** $1 - t^4$ $\qquad$ Ateb: $1 - t^4 = (1 + t^2)(1 - t^2)$

3) **Ffactoriwch** $3K^2 - 75H^2$ $\qquad$ Ateb: $3K^2 - 75H^2 = 3(K^2 - 25H^2) = 3(K + 5H)(K - 5H)$

Y Prawf Hollbwysig

DYSGWCH bopeth ar y tudalen hwn.

Cuddiwch y tudalen ac **ysgrifennwch yr hyn rydych wedi ei ddysgu**. Yna atebwch y rhain:

Ar gyfer cwestiynau 1 a 2, penderfynwch ble y dylid defnyddio **Rheol 1 a Rheol 2**, ac yna cyfrifwch yr atebion.

1) **a)** -4×-3 **b)** $-4 + {}^-5 + 3$ **c)** $(3x + {}^-2x - 4x) \div (2 + {}^-5)$ **ch)** $120 \div {}^-40$

2) Os yw $m = 2$ ac $n = -3$, cyfrifwch: **a)** mn^2 **b)** $(mn)^3$ **c)** $m(4 + n)^2$ **ch)** n^3 **d)** $3m^2n^3 + 2mn$

3) **Ffactoriwch:** **a)** $x^2 - 16y^2$ **b)** $49 - 81p^2q^2$ **c)** $12Y^2X^6 - 48K^4M^8$

Algebra Sylfaenol

1) Termau

Cyn y gallwch wneud dim byd arall, RHAID i chi ddeall beth yw ystyr TERM:

1) **TERM YW CASGLIAD O RIFAU, LLYTHRENNAU A CHROMFACHAU, A'R CWBL WEDI EU LLUOSI / RHANNU Â'I GILYDD**

2) **Caiff TERMAU eu GWAHANU gan ARWYDDION + a –**   E.e. $4x^2 - 3py - 5 + 3p$

3) **Mae gan DERMAU bob amser naill ai + neu – O'U BLAENAU**

4) E.e.

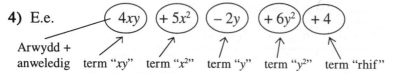

Arwydd + anweledig $4xy$ $+ 5x^2$ $- 2y$ $+ 6y^2$ $+ 4$

term "xy"   term "x^2"   term "y"   term "y^2"   term "rhif"

2) Symleiddio   "Casglu Termau Tebyg"

Enghraifft: "Symleiddiwch $2x - 4 + 5x + 6$"

Arwydd + anweledig $2x$ $- 4$ $+ 5x$ $+ 6$ $=$ $+ 2x$ $+ 5x$ $- 4$ $+ 6$

termau x termau rhif $7x$ $+ 2$ $= \mathbf{7x + 2}$

1) **Rhowch swigen am bob term** – gwnewch yn siŵr eich bod yn **cadw'r arwydd + /– sydd O FLAEN pob term**.
2) Yna gallwch **symud y "swigod" i'r drefn orau** fel y bydd **TERMAU TEBYG** gyda'i gilydd.
3) Mae gan "**DERMAU TEBYG**" yr un cyfuniad o lythrennau, e.e. termau x neu dermau xy.
4) **Cyfunwch y TERMAU TEBYG** gan ddefnyddio'r **LLINELL RIF** (nid y rheol arall ar gyfer rhifau negatif).

3) Lluosi Cromfachau

1) Mae'r hyn sydd y **TU ALLAN** i'r cromfachau **yn lluosi pob term sydd O FEWN y cromfachau**.
2) Pan gaiff llythrennau **eu lluosi â'i gilydd**, cânt eu **hysgrifennu nesaf at ei gilydd**, fel hyn: pq
3) Cofiwch, $R \times R = R^2$, ac mae TY^2 yn golygu $T \times Y \times Y$, tra bo $(TY)^2$ yn golygu $T \times T \times Y \times Y$
4) Cofiwch fod **arwydd minws y tu allan i'r cromfachau YN GWRTHDROI'R HOLL ARWYDDION pan fyddwch yn lluosi.**

1) $3(2x + 5) = \mathbf{6x + 15}$ 2) $4p(3r - 2t) = \mathbf{12pr - 8pt}$

3) $- 4(3p^2 - 7q^3) = \mathbf{- 12p^2 + 28q^3}$ (sylwch fod y ddau arwydd wedi eu gwrthdroi – Rheol 4)

5) **CROMFACHAU DWBL** – cewch **4 term** ar ôl y lluosi ac fel arfer bydd **2 ohonynt yn cyfuno** gan adael **3 therm**:

$(2p - 4)(3p + 1)$ $=$ $(2p \times 3p) + (2p \times 1) + (-4 \times 3p) + (-4 \times 1)$

$=$ $6p^2$ $+$ $2p$ $- 12p$ $- 4$

$=$ $\mathbf{6p^2 - 10p - 4}$ (mae'r rhain yn cyfuno)

6) **SGWARIO CROMFACHAU – Ysgrifennu'r rhain BOB AMSER fel dwy set o gromfachau:**

E.e. Dylech ysgrifennu $(3d + 5)^2$ yn y ffurf $(3d + 5)(3d + 5)$ ac yna gweithio fel uchod.
DYLECH BOB AMSER GAEL **PEDWAR** TERM o bâr o gromfachau.
Yr ateb **ANGHYWIR ARFEROL** yw $(3d + 5)^2 = 9d^2 + 25$ Gwyliwch rhag hyn!
Dylai fod yn: $(3d + 5)^2 = (3d + 5)(3d + 5) = 9d^2 + 15d + 15d + 25 = \mathbf{9d^2 + 30d + 25}$

Algebra Sylfaenol

4) Ffactorio — rhoi mewn cromfachau

Mae hyn yn **hollol groes** i'r broses o luosi cromfachau. Dyma'r dull i'w ddilyn:

1) Ysgrifennwch y **rhif mwyaf** y gellir rhannu'r holl dermau ag ef
2) **Ystyriwch bob llythyren yn ei thro** ac ysgrifennwch y **pŵer mwyaf** (e.e. x, x^2 etc) sy'n gyffredin i BOB term
3) Rhowch gromfachau a **llanwch bopeth sydd ei angen i atgynhyrchu pob term**

Enghraifft: Ffactoriwch $15x^4y + 20x^2y^3z - 35x^3yz^2$

Ateb: $5x^2y(3x^2 + 4y^2z - 7xz^2)$

Y rhif mwyaf y gellir rhannu 15, 20 a 35 ag ef

Pwerau mwyaf x ac y sy'n gyffredin i'r 3 therm

Nid oedd z ym MHOB term ac felly nid yw'n **ffactor cyffredin**

Cofiwch:
1) Y darnau **a dynnwyd allan a'u rhoi ar y blaen** yw'r **ffactorau cyffredin**
2) Y darnau **y tu mewn i'r cromfachau** yw'r hyn **sydd ei angen i gael y termau gwreiddiol** petai rhywun yn lluosi'r cromfachau unwaith eto

5) Ffracsiynau Algebraidd

Mae'r rheolau sylfaenol yn union yr un fath yma ag ar gyfer ffracsiynau cyffredin (gweler t. 6), ac yn sicr dylech fod yn ymwybodol o'r tebygrwydd hwn.

1) Lluosi (hawdd)

Lluoswch y top a'r gwaelod ar wahân a chanslwch os yw'n bosibl:

e.e. $\dfrac{st}{10w^3} \times \dfrac{35s^2tw}{6} = \dfrac{35s^3t^2w}{60w^3} = \dfrac{7s^3t^2}{12w^2}$

2) Rhannu (hawdd)

Trowch yr ail un â'i ben i lawr, yna lluoswch a chanslwch os yw'n bosibl:

e.e. $\dfrac{12}{p+4} \div \dfrac{4(p-3)}{3(p+4)} = \dfrac{\cancel{12}^3}{\cancel{p+4}} \times \dfrac{3\cancel{(p+4)}}{\cancel{4}(p-3)} = \dfrac{9}{p-3}$

3) Adio/tynnu (ddim mor hawdd)

Darganfyddwch yr enwadur cyffredin bob tro, h.y. yr un llinell waelod (drwy drawsluosi) ac yna ADIWCH Y LLINELLAU TOP YN UNIG:

e.e. $\dfrac{t-2p}{3t-p} - \dfrac{1}{3} = \dfrac{3(t-2p)}{3(3t+p)} - \dfrac{1(3t-p)}{3(3t-p)} = \dfrac{3t-6p-3t+p}{3(3t-p)} = \dfrac{-5p}{3(3t-p)}$

Y Prawf Hollbwysig

DYSGWCH y manylion pwysig ar gyfer **y 5 rhan** ar y 2 dudalen hyn. Yna **cuddiwch y tudalennau** ac **ysgrifennwch y cyfan**.

1) Symleiddiwch: $5x + 3y - 4 - 2y - x$
2) Ehangwch: $2pq(3p - 4q^2)$
3) Ehangwch: $(2g + 5)(4g - 2)$
4) Ffactoriwch: $14x^2y^3 + 21xy^2 - 35x^3y^4$
5) Symleiddiwch: $\dfrac{5abc^3}{18de} \div \dfrac{5abd^2}{9ce}$
6) Symleiddiwch: $\dfrac{3}{5} + \dfrac{5g}{3g-4}$

Datrys Hafaliadau

Golyga **datrys hafaliadau** ddarganfod gwerth x o rywbeth fel hyn: $3x + 5 = 4 - 5x$.
Nawr, does dim llawer yn gwybod hyn, ond **yr un dull yn union** a ddefnyddir wrth **ddatrys hafaliadau** ac wrth **ad-drefnu fformwlâu**, fel y dangosir ar y ddau dudalen hyn.

1) YR UN DULL A DDEFNYDDIR GYDA FFORMWLÂU A HAFALIADAU.
2) YR UN CAMAU A DDEFNYDDIR BOB TRO.

Defnyddiwn yr hafaliad canlynol i egluro'r camau: $\sqrt{2 - \dfrac{x+4}{2x+5}} = 3$

Chwe Cham i'w Dilyn gyda Hafaliadau

1) Rhaid dileu unrhyw arwydd ail isradd drwy **sgwario pob ochr**: $\quad 2 - \dfrac{x+4}{2x+5} = 9$

2) Rhaid cael gwared o bopeth ar y gwaelod drwy **drawsluosi â PHOB TERM ARALL**:

$$2 - \frac{x+4}{2x+5} = 9 \qquad \Rightarrow \qquad 2(2x+5) - (x+4) = 9(2x+5)$$

3) Lluoswch i ddileu'r cromfachau: $\qquad\qquad 4x + 10 - x - 4 = 18x + 45$

4) Casglwch y **termau testun** (termau x) i gyd ar un ochr i'r "=" a'r **termau eraill** ar yr ochr arall, **gan gofio gwrthdroi arwydd + / − pob term fydd yn croesi'r "="**:

Mae +18x yn croesi'r "=", felly bydd yn -18x
Mae +10 yn croesi'r "=", felly bydd yn -10
Mae -4 yn croesi'r "=", felly bydd yn +4

$+/- \quad +/- \quad +/-$
$4x - x - 18x = 45 - 10 + 4$

5) **Cyfunwch y termau tebyg** ar bob ochr i'r hafaliad, a'i symleiddio i'r ffurf "**$Ax = B$**", lle mae A a B yn rhifau (neu'n grwpiau o lythrennau yn achos fformwlâu):

$$-15x = 39$$
$$(\text{"}Ax = B\text{"}: \quad A = -15, \quad B = 39, \quad x \text{ yw'r testun})$$

6) Yn olaf, **rhowch yr A o dan y B** i roi "$x = \dfrac{B}{A}$", rhannwch, a dyna ni, yr ateb:

$$x = \frac{39}{-15} = -2.6 \qquad\qquad \text{Felly } x = \textbf{-2.6}$$

Y Prawf Hollbwysig

DYSGWCH Y **6 CHAM** ar gyfer **datrys hafaliadau** ac **ad-drefnu** fformwlâu. Cuddiwch y tudalen ac ysgrifennwch nhw.

1) Datryswch yr hafaliadau: **a)** $5(x + 2) = 8 + 4(5 - x)$ **b)** $\dfrac{4}{x+3} = \dfrac{6}{4-x}$

Ad-drefnu Fformwlâu

Ad-drefnu Fformwla yw gwneud un llythyren yn destun,
e.e. cael "$y =$" o rywbeth tebyg i $2x + z = 3(y + 2p)$.
Yn gyffredinol, mae "datrys hafaliadau" yn haws, ond cofiwch:

> **1)** YR UN DULL A DDEFNYDDIR GYDA FFORMWLÂU A HAFALIADAU.
> **2)** YR UN CAMAU A DDEFNYDDIR BOB TRO.

Eglurwn hyn drwy wneud "y" yn destun y fformwla: $\qquad M = \sqrt{2K - \dfrac{K^2}{2y + 1}}$

Chwe Cham i'w Dilyn gyda Fformwlâu

1) Rhaid dileu unrhyw arwydd ail isradd drwy **sgwario pob ochr**: $\qquad M^2 = 2K - \dfrac{K^2}{2y + 1}$

2) Rhaid cael gwared o bopeth ar y gwaelod drwy
drawsluosi â PHOB TERM ARALL:

$$M^2 = 2K - \frac{K^2}{2y + 1} \qquad \Rightarrow \qquad M^2(2y + 1) = 2K(2y + 1) - K^2$$

3) Lluoswch i ddileu'r cromfachau: $\qquad 2yM^2 + M^2 = 4Ky + 2K - K^2$

4) Casglwch y **termau testun** (y) i gyd ar un ochr i'r "$=$" a'r **termau eraill** ar yr ochr arall, **gan gofio gwrthdroi arwydd + / – pob term fydd yn croesi'r "$=$"**:

Mae $+4Ky$ yn croesi'r "$=$", felly bydd yn $-4Ky$
Mae $+M^2$ yn croesi'r "$=$", felly bydd yn $-M^2$
$$2yM^2 - 4Ky = -M^2 + 2K - K^2$$

5) **Cyfunwch y termau tebyg** ar bob ochr i'r hafaliad, a'i symleiddio i'r ffurf "$Ax = B$", lle mae A a B yn grwpiau o lythrennau NAD YDYNT yn cynnwys y testun (y). Sylwch fod yn rhaid **FFACTORIO'r** ochr chwith:

$$(2M^2 - 4K)y = 2K - K^2 - M^2$$
$$(\text{"}Ax = B\text{"} \;\; \text{h.y.} \;\; A = (2M^2 - 4K), \quad B = 2K - K^2 - M^2, \quad y \text{ yw'r testun})$$

6) Yn olaf, **rhowch yr A o dan y B** i roi "$x = \dfrac{B}{A}$", canslwch (os yn bosibl) a dyna ni, yr ateb.

$$\text{Felly,} \qquad y = \frac{2K - K^2 - M^2}{(2M^2 - 4K)}$$

Y Prawf Hollbwysig

DYSGWCH Y **6 CHAM** ar gyfer **datrys hafaliadau** ac **ad-drefnu** fformwlâu. Cuddiwch y tudalen ac ysgrifennwch nhw.

1) Ad-drefnwch "$F = \dfrac{9}{5} C + 32$" o "$F =$", i "$C =$" ac yna yn ôl y ffordd arall.

2) Gwnewch p yn destun y rhain: $\qquad$ **a)** $\dfrac{p}{p + y} = 4$ $\qquad\qquad$ **b)** $\dfrac{1}{p} = \dfrac{1}{q} + \dfrac{1}{r}$

Anhafaleddau

Y prif beth i'w gofio ynglŷn ag anhafaleddau yw **nad ydynt hanner mor anodd ag maent yn ymddangos**. Mae'r symbolau anhafaledd yn dychryn pobl, ond rhaid i chi arfer â nhw **a chofio pa mor hawdd ydynt mewn gwirionedd** wedi i chi ddysgu'r triciau priodol, a bod y rhan fwyaf o'r algebra ynddynt **yn union yr un fath ag mewn hafaliadau cyffredin.**

Y Symbolau Anhafaledd:

Mae > yn golygu **"Yn fwy na"**   Mae ≥ yn golygu **"Yn fwy na neu'n hafal i"**

Mae < yn golygu **"Yn llai na"**   Mae ≤ yn golygu **"Yn llai na neu'n hafal i"**

COFIWCH, yr un ar y pen **AGORED** yw'r **MWYAF**

felly mae "$x > 4$" a "$4 < x$" yn golygu: "mae x yn fwy na 4"

Algebra ag Anhafaleddau

$$5x < x + 2$$
$$5x = x + 2$$

Yr hyn sydd raid ei gofio yma yw **fod anhafaleddau yn debyg i hafaliadau cyffredin** yn yr ystyr fod **holl reolau arferol algebra yn dal i weithio** (gweler t. 76 – 79) – AR WAHÂN I **UN EITHRIAD PWYSIG**:

Bob tro rydych YN LLUOSI NEU YN RHANNU Â RHIF NEGATIF, mae'n rhaid i chi **DROI'R ARWYDD ANHAFALEDD O CHWITH.**

Tair Enghraifft Bwysig

1) Datryswch $5x < 6x + 2$

Yr hafaliad cyfatebol yw $5x = 6x + 2$, sy'n hawdd – ac mae'r anhafaledd hefyd yn hawdd:

Yn gyntaf tynnwch $6x$: $5x – 6x < 2$ sy'n rhoi $-x < 2$

Yna rhannwch y ddwy ochr â -1: $x > -2$ (h.y. mae x yn fwy na -2)

(Sylwer: Rhaid troi'r "<" o chwith a'i wneud yn ">", gan ein bod wedi rhannu â rhif negatif)

2) Darganfyddwch holl werthoedd rhifau cyfan x lle mae $-4 ≤ x < 1$

Mae'r math hwn o fynegiad yn gyffredin iawn – **RHAID I CHI EI DDARLLEN YN Y FFORDD GANLYNOL**:

"Mae x rhwng -4 ac +1, mae'n bosibl ei fod yn hafal i -4 ond na all fod yn hafal i +1".

(Mae'n amlwg mai'r atebion yw -4, -3, -2, -1, 0 (ond nid 1))

3) Darganfyddwch amrediad gwerthoedd x lle mae $x^2 ≤ 25$

Y peth i'w gofio yma yw: **PEIDIWCH AG ANGHOFIO'R GWERTHOEDD NEGATIF**. Mae ail israddio'r ddwy ochr yn rhoi $x ≤ 5$. Fodd bynnag, **DIM OND HANNER Y STORI** yw hyn, oherwydd mae $-5 ≤ x$ hefyd yn wir. Does yna fawr o ddewis i chi ond DYSGU hyn:

1) Mae $x^2 ≤ 25$ yn rhoi'r datrysiad $-5 ≤ x ≤ 5$,
     (Mae x rhwng -5 a 5, ac, o bosibl, yn hafal i'r naill neu'r llall)
2) Mae $x^2 ≥ 36$ yn rhoi'r datrysiad: $x ≤ -6$ neu $6 ≤ x$
     (Mae x yn "llai na neu'n hafal i -6" neu'n "fwy na neu'n hafal i +6")

Y Prawf Hollbwysig

DYSGWCH y tudalen i gyd gan gynnwys y Tair Enghraifft Bwysig, yna cuddiwch y tudalen **ac ysgrifennwch y cyfan.**

1) Datryswch yr anhafaledd: $4x + 3 ≤ 6x + 7$
2) Darganfyddwch holl werthoedd rhifau cyfan p sy'n bodloni a) $p^2 < 49$ **b)** $-20 < 4p ≤ 17$

Cyfrannedd Union a Chyfrannedd Wrthdro

Cyfrannedd Union: $y = kx$	**Cyfrannedd Wrthdro:** $y = k/x$
Y DDAU YN CYNYDDU GYDA'I GILYDD	Un yn **CYNYDDU**, un yn **LLEIHAU**

1) Graff y yn erbyn x yw
   llinell syth trwy'r tardd: $y = kx$

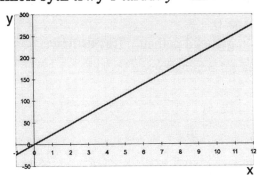

Graff y yn erbyn x yw'r
graff adnabyddus $y = k/x$

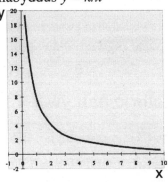

2) Yn y tabl gwerthoedd, **rydych yn lluosi x
ac y â'r un rhif**, h.y. os ydych yn **dyblu** un
ohonynt, rydych yn **dyblu'r** llall; os ydych yn
lluosi un â 3, rydych yn **lluosi'r llall â 3**, etc.

Yn y tabl gwerthoedd, rydych yn **lluosi** un
ohonynt ac yn **rhannu'r** llall â'r un rhif, h.y. os
ydych yn **dyblu** un ohonynt, rydych yn
haneru'r llall; os ydych yn **treblu** un ohonynt,
rydych yn **rhannu'r llall â 3**, etc.

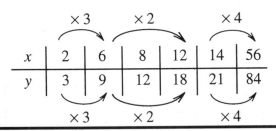

x	2	6	8	12	40	10
y	30	10	7.5	5	1.5	6

$\div 3 \quad \div 2 \quad \times 4$

2) Mae'r **GYMHAREB** $^x/_y$ yr un fath
ar gyfer pob pâr o werthoedd, h.y. o'r
tabl uchod mae:

$$\frac{2}{3} = \frac{6}{9} = \frac{8}{12} = \frac{12}{18} = \frac{14}{21} = \frac{56}{84} = 0.6667$$

Mae'r **LLUOSWM** xy (x gwaith y) **yr un
fath ar gyfer pob pâr o werthoedd**,
e.e. yn y tabl uchod mae:

$$2 \times 30 = 6 \times 10 = 8 \times 7.5 = 12 \times 5$$
$$= 40 \times 1.5 = 10 \times 6 = \mathbf{60}$$

Amrywiad Sgwâr Gwrthdro

Gallwch gael sawl math o berthynas rhwng x ac y, e.e. $y = kx^2$ neu $y = k/x^3$ etc. fel y nodir ar
t. 90. Y math pwysicaf yw $y = k/x^2$ a'r enw arno yw amrywiad **"SGWÂR GWRTHDRO"**.
PEIDIWCH Â CHYMYSGU'R ENW HWN â **chyfrannedd wrthdro**, sef $y = k/x$ yn unig.

Y Prawf Hollbwysig

DYSGWCH y 3 BRIF NODWEDD ar gyfer
cyfrannedd **Union** a chyfrannedd **Wrthdro**.
Cuddiwch y tudalen ac **ysgrifennwch y cyfan**.

1) Rhowch enghreifftiau o 2 faint real sy'n arddangos **a)** cyfrannedd union a
   b) cyfrannedd wrthdro.
2) Lluniwch eich tablau gwerthoedd eich hun sy'n arddangos
   a) CYFRANNEDD UNION   **b)** CYFRANNEDD WRTHDRO

82

Ffactorio Cwadratig

Mae amryw ffyrdd o ddatrys hafaliad cwadratig fel a nodir ar y tudalennau canlynol.
Mae angen i chi wybod yr holl ddulliau.

Ffactorio Cwadratig

Golyga "**ffactorio cwadratig**" ei "**roi mewn 2 set o gromfachau**" – Cofiwch hyn.
(Os nad oes ots gennych pa ddull i'w ddefnyddio, yna dysgwch y dull canlynol.)

Ffurf safonol pob hafaliad cwadratig yw: $ax^2 + bx + c = 0$
Yn y rhan fwyaf o gwestiynau arholiad mae $a = 1$, sy'n gwneud pethau'n **llawer haws**.

E.e. $x^2 + 3x + 2 = 0$ (Gweler y tudalen nesaf pan nad yw a yn 1)

Dull Ffactorio pan yw $a = 1$

1) **COFIWCH** ad-drefnu yn y **FFURF SAFONOL**: $ax^2 + bx + c = 0$

2) Ysgrifennwch y **DDWY SET O GROMFACHAU** ag x ynddynt: $(x\ \ \ )(x\ \ \ ) = 0$

3) Yna **darganfyddwch 2 rif** sy'n **LLUOSI** i roi "c" (y rhif olaf)
   ac sydd hefyd yn **ADIO / TYNNU** i roi "b" (cyfernod x)

4) Rhowch y rhain i mewn a gwiriwch fod yr arwyddion + / – yn gweithio'n iawn.

Enghraifft   Datryswch $x^2 - x = 12$ drwy ffactorio

ATEB: 1) **Yn gyntaf ad-drefnwch** yr hafaliad (yn y ffurf safonol): $x^2 - x - 12 = 0$

2) Mae $a = 1$, felly'r cromfachau cychwynnol yw: $(x\ \ \ )(x\ \ \ ) = 0$

3) Nawr mae angen edrych ar **yr holl barau o rifau** sy'n lluosi i roi "c" (= 12)
   ond **sydd hefyd yn adio neu dynnu i roi gwerth "b"**:

1×12	Adio / tynnu i roi:	13 neu 11
2×6	Adio / tynnu i roi:	8 neu 4
3×4	Adio / tynnu i roi:	7 neu ① ← Dyma ni! ($\pm b$)

4) Felly mae 3 a 4 yn rhoi $b = \pm 1$, felly rhowch nhw i mewn: $(x\ \ 3)(x\ \ 4) = 0$

5) **Nawr rhowch yr arwyddion + / –** fel bo'r 3 a'r 4 yn adio / tynnu i roi -1 (=b).
   Mae'n amlwg mai'r rhifau yw +3 a -4, felly mae gennym: $(x + 3)(x - 4) = 0$

6) Rhaid **gwirio** hyn, felly **LLUOSWCH** y cromfachau eto i wneud yn siŵr eu bod
   yn rhoi'r mynegiad gwreiddiol: $(x + 3)(x - 4) = x^2 + 3x - 4x - 12 = x^2 - x - 12$

Cofiwch nad dyma'r diwedd, oherwydd dim ond **ffurf ffactor yr hafaliad** yw
$(x + 3)(x - 4) = 0$ — rhaid rhoi'r **DATRYSIADAU**. Mae hynny'n hawdd iawn:

7) **Y DATRYSIADAU**, yn syml iawn, **yw'r ddau rif y tu mewn i'r cromfachau**,
   gydag **ARWYDDION + / – GWAHANOL**, h.y. $x = -3$ neu $+4$

Gwnewch yn siŵr eich bod yn cofio'r cam olaf. **Dyma'r gwahaniaeth** rhwng
DATRYS YR HAFALIAD a'i ffactorio yn unig.

Ffactorio Cwadratig

Dull Ffactorio pan nad yw $a = 1$ E.e. $3x^2 + 5x + 2 = 0$

Mae'r dull sylfaenol yr un fath ond mae'n **fwy cymhleth**. Yn yr arholiad byddwch yn fwy tebygol o gael cwestiynau lle mae $a = 1$, felly **gwnewch yn siŵr eich bod yn gallu gwneud y rhain heb drafferth**. Dim ond wedyn y dylech ymarfer yr hafaliadau anoddach.

Enghraifft   Datryswch $3x^2 + 7x = 6$ trwy ffactorio

1) **Yn gyntaf**, ad-drefnwch (yn y ffurf safonol): $\overset{a}{3x^2} + \overset{b}{7x} \overset{c}{- 6} = 0$

2) Nawr, oherwydd bod $a = 3$, rhaid i'r ddau derm x sydd yn y cromfachau luosi i roi $3x^2$ a'r cromfachau i ddechrau fydd: $(3x\quad)(x\quad) = 0$

(h.y. **rydych yn rhoi'r termau x i mewn yn gyntaf** gyda chyfernodau sy'n lluosi i roi "a")

3)   Nawr rhaid edrych ar yr holl barau o rifau sy'n lluosi â'i gilydd i roi "c" (= 6, gan anwybyddu'r arwydd minws ar y foment):   h.y. 1×6 a 2×3

4) **Dyma'r darn anodd**: er mwyn darganfod y cyfuniad sy'n gwneud hyn:

> **lluoswch â'r termau $3x$ ac x sydd yn y cromfachau ac yna adiwch neu tynnwch nes cewch werth b (= 7):**

Y ffordd orau o wneud hyn yw cynnig yr holl bosibiliadau yn y cromfachau nes cewch y cyfuniad sy'n gweithio. Peidiwch ag anghofio y gallwch gynnig **POB PÂR** o rifau mewn **DAU** safle gwahanol:

$(3x$	$1)(x$	$6)$	yn **lluosi** i roi **18x** ac **1x** sydd, trwy adio/tynnu, yn rhoi **17x neu 19x**
$(3x$	$6)(x$	$1)$	yn **lluosi** i roi **3x** a **6x** sydd, trwy adio/tynnu, yn rhoi **9x neu 3x**
$(3x$	$3)(x$	$2)$	yn **lluosi** i roi **6x** a **3x** sydd, trwy adio/tynnu, yn rhoi **9x neu 3x**
$(3x$	$2)(x$	$3)$	yn **lluosi** i roi **9x** a **2x** sydd, trwy adio/tynnu, yn rhoi **11x neu ⑦x**

   Felly $(3x\quad 2)(x\quad 3)$ yw'r cyfuniad sy'n rhoi $b = 7$

5) **Nawr rhowch yr arwyddion +/−** fel bo'r cyfuniad yn adio/tynnu i roi +7 (=b). Rhaid mai +3 a -2 sy'n arwain at +9x a -2x.
   Felly, y cromfachau terfynol yw: $(3x - 2)(x + 3)$

6) **Rhaid gwirio hyn, felly LLUOSWCH y cromfachau** eto i wneud yn siŵr eu bod yn rhoi'r hafaliad gwreiddiol:
   $(3x - 2)(x + 3) = 3x^2 + 9x - 2x - 6 = 3x^2 + 7x - 6$

---

7) Y cam olaf yw cael **DATRYSIADAU'R HAFALIAD**: $(3x - 2)(x + 3) = 0$
   Ceir y rhain **trwy roi pob un o'r cromfachau = 0**:
       h.y. $(3x - 2) = 0 \Rightarrow x = 2/3$ $(x + 3) = 0 \Rightarrow x = -3$
   Gwnewch yn siŵr eich bod yn cofio'r cam olaf. **Dyma'r gwahaniaeth** rhwng **DATRYS YR HAFALIAD** a'i ffactorio yn unig.

Y Prawf Hollbwysig

> DYSGWCH y **7 cam** i ddatrys hafaliadau cwadratig drwy **ffactorio**, ar gyfer "$a = 1$" ac "$a \neq -1$"

1) Datryswch y canlynol **drwy'r dull ffactorio**:   a) $x^2 + 5x - 24 = 0$ b) $x^2 - 6x + 9 = 16$
                                                    c) $(x + 3)^2 - 3 = 13$ ch) $5x^2 - 17x - 12 = 0$

Fformwla Hafaliad Cwadratig

Gellir cael datrysiad unrhyw hafaliad cwadratig $ax^2 + bx + c = 0$ trwy ddefnyddio'r fformwla hon:

$$x = \frac{-b \pm \sqrt{b^2 - 4ac}}{2a}$$

DYSGWCH Y FFORMWLA HON – Os nad ydych yn ei dysgu ni allwch ei defnyddio yn yr arholiad, er efallai y caiff ei rhoi i chi. Mae rhai anawsterau wrth i chi ei defnyddio, felly **SYLWCH ar y manylion pwysig hyn:**

Defnyddio Fformwla Hafaliad Cwadratig

1) Ysgrifennwch y fformwla fesul cam wrth i chi fynd ymlaen â'r gwaith.

2) **YR ARWYDDION MINWS**. Gall yr arwyddion minws achosi trafferth. Mae dau arwydd minws y mae pobl yn eu hanghofio yn y fformwla: sef $-b$ a $-4ac$.

Mae $-4ac$ yn achosi trafferth pan fo naill ai "a" neu "c" yn negatif, gan fod hyn yn gwneud $-4ac$ mewn gwirionedd yn $+4ac$. **Gwyliwch rhag y TRAFFERTH hwn cyn iddo ddigwydd.**

> **BYDDWCH YN OFALUS IAWN PAN WELWCH ARWYDD MINWS!**

3) Cofiwch rydych yn **rhannu'r llinell uchaf I GYD â $2a$**, nid hanner y llinell yn unig.

4) Cofiwch mai $2a$ sydd ar y llinell isaf, nid a yn unig. Mae hwn yn gamgymeriad cyffredin.

Enghraifft: "**Datryswch yr hafaliad $3x^2 + 7x = 1$ i 2 le degol.**"
(Mae cyfeirio at leoedd degol mewn cwestiynau arholiad yn AWGRYMU defnyddio fformwla yn hytrach na cheisio ffactorio!)

DULL:

1) Yn gyntaf, ad-drefnu i'r ffurf $ax^2 + bx + c = 0$: $3x^2 + 7x - 1 = 0$
2) Yna, yn ofalus, dod o hyd i a, b ac c: $a = 3$, $b = 7$, $c = -1$
3) Rhoi'r gwerthoedd hyn yn fformwla'r hafaliad cwadratig ac **ysgrifennu pob cam**:

$$x = \frac{-b \pm \sqrt{b^2 - 4ac}}{2a} = \frac{-7 \pm \sqrt{7^2 - 4\times 3 \times -1}}{2\times 3} = \frac{-7 \pm \sqrt{49 + 12}}{6}$$

$$= \frac{-7 \pm \sqrt{61}}{6} = \frac{-7 \pm 7.81}{6} = 0.1350 \text{ neu } -2.468$$

Felly, i 2 L.D., y datrysiadau yw: $x = 0.14$ neu $x = -2.47$

4) Yn olaf, **I WIRIO** rhowch y gwerthoedd yn ôl i mewn yn yr **hafaliad gwreiddiol**:

E.e. ar gyfer $x = 0.1350$: $3 \times 0.135^2 + 7 \times 0.135 = 0.999675$ sy'n agos iawn i 1.

Y Prawf Hollbwysig

> DYSGWCH y **4 MANYLYN PWYSIG a 4 CAM Y DULL** ar gyfer defnyddio fformwla hafaliad cwadratig. **CUDDIWCH Y TUDALEN A'U HYSGRIFENNU.**

1) Datryswch yr hafaliadau hyn (i 2 L.D.) gan ddefnyddio fformwla Hafaliad Cwadratig:
   a) $x^2 + 10x - 4 = 0$ b) $3x^2 - 3x = 2$ c) $(2x + 3)^2 = 15$

Cwblhau'r Sgwâr

$$x^2 + 12x - 5 = (x + 6)^2 - 41$$

Y SGWÂR ...   ... WEDI EI GWBLHAU

Datrys Hafaliadau Cwadratrig trwy "Gwblhau'r Sgwâr"

Dyma ddull diddorol o ddatrys hafaliadau cwadratig, ond efallai ei fod yn edrych yn gymhleth ar y dechrau. Nid yw'r enw "Cwblhau'r Sgwâr" yn fawr o gymorth – daw'r enw oherwydd bod y dull yn cynnwys   **1)** ysgrifennu cromfach WEDI'I SGWARIO, ac yna

                           2) rhoi rhif ato i'w "GWBLHAU".

Mae'r dull yn eithaf hawdd, dim ond i chi wneud ymdrech i ddysgu'r camau.

Dull

1) AD-DREFNWCH YR HAFALIAD CWADRATIG YN Y FFURF SAFONOL:

$$ax^2 + bx + c = 0$$

2) Os nad yw "a" yn 1, yna rhannwch yr hafaliad i gyd ag "a" fel bo hyn yn digwydd.

3) YSGRIFENNWCH Y CROMFACHAU CYCHWYNNOL: $(x + b/2)^2$

     NB: MAE'R RHIF SYDD O FEWN Y CROMFACHAU bob amser yn
                 HANNER GWERTH (NEWYDD) "b"

4) LLUOSWCH Y CROMFACHAU a CHYMHARWCH Â'R GWREIDDIOL i ddarganfod beth sydd ei angen yn ychwanegol, ac adiwch neu tynnwch yr ychwanegiad hwn.

Enghraifft: "Mynegwch $x^2 - 6x - 7 = 0$ fel sgwâr wedi'i gwblhau, a'i ddatrys"

Mae'r hafaliad eisoes yn y ffurf safonol ac mae "a" = 1, felly:

1) Cyfernod x yw -6, a rhaid i'r cromfachau wedi'u sgwario fod yn: $(x - 3)^2$

2) **Sgwariwch y cromfachau**: $x^2 - 6x + 9$, a **chymharwch** hyn â'r gwreiddiol: $x^2 - 6x - 7$.

I wneud hyn yn debyg i'r hafaliad gwreiddiol rhaid rhoi -16 ar y diwedd, a chawn:

$$(x - 3)^2 - 16 = 0 \qquad \text{sy'n fersiwn arall o } x^2 - 6x - 7 = 0$$

Peidiwch ag anghofio, mae angen **DATRYS** yr hafaliad hwn, ac mae angen 3 cham arbennig:

1) Ewch â'r 16 drosodd i gael: $(x - 3)^2 = 16$

2) Cymerwch ail isradd Y DDWY OCHR: $(x - 3) = \pm 4$ **PEIDIWCH AG ANGHOFIO'R** $\pm$

3) Ewch â'r 3 drosodd i gael $x = \pm 4 + 3$ **ac felly x = 7 neu –1** (cofiwch am y $\pm$)

Y Prawf Hollbwysig

> DYSGWCH **4 CAM Y DULL** cwblhau'r sgwâr a'r **3 CHAM ARBENNIG** ar gyfer **DATRYS YR HAFALIAD** a gewch.

1) **Cuddiwch y tudalen ac ysgrifennwch bopeth** rydych wedi ei **ddysgu**.

2) Datryswch yr hafaliadau (i 2 L.D.) trwy gwblhau'r sgwâr:

    a) $x^2 + 10x - 4 = 0$ **b)** $3x^2 - 3x = 2$ **c)** $(2x + 3)^2 = 15$

Cynnig a Chynnig

Mewn egwyddor, mae hon yn ffordd hawdd o ddarganfod atebion bras i hafaliadau eithaf cymhleth. OND ...... rhaid i chi wneud ymdrech i **DDYSGU MANYLION** y dull hwn, neu wnewch chi byth ei ddeall.

Dull

1) **RHOWCH DDAU WERTH CYCHWYNNOL** yn yr hafaliad sy'n rhoi **CANLYNIADAU CROES I'W GILYDD**. Fel arfer mae'r ddau werth cychwynnol yn cael eu hawgrymu yn y cwestiwn. Os nad ydynt, bydd yn rhaid i chi feddwl am rai eich hun. Golyga canlyniadau croes **un canlyniad sy'n rhy fawr a chanlyniad arall sy'n rhy fach**, neu **un canlyniad positif ac un canlyniad negatif**. Os nad ydynt yn ganlyniadau croes, rhowch gynnig arall arni.

2) Nawr DEWISWCH Y GWERTH NESAF **RHWNG** Y DDAU WERTH CYCHWYNNOL, a'i **ROI yn yr hafaliad**. **Daliwch ati i wneud hyn**, gan ddewis gwerth newydd bob tro **rhwng y ddau werth sy'n arwain at y canlyniadau croes agosaf** (os yw'n bosibl yn nes at y gwerth sydd agosaf at yr ateb rydych ei angen).

3) **AR ÔL 3 NEU 4 O GAMAU YN UNIG** dylech gael **2 rif** sydd i'r radd briodol o gywirdeb **OND SY'N GWAHANIAETHU O 1 YN Y DIGID OLAF**. Er enghraifft, pe byddai raid i chi roi'r gwerth i 2 le degol, yna yn y diwedd byddech yn gorffen gyda 5.43 a 5.44, dyweder, a byddai'r rhain yn rhoi canlyniadau CROES wrth gwrs.

4) **Nawr** rydych BOB AMSER yn cymryd yr **Union Werth Canol** i benderfynu pa un yw'r gwerth sydd ei angen. E.e. yn achos 5.43 a 5.44, byddech yn cynnig 5.435 er mwyn gweld a yw'r gwerth cywir **rhwng 5.43 a 5.435** ynteu rhwng **5.435 a 5.44** (gweler isod).

Enghraifft

Mae datrysiad yr hafaliad $x^2 + x = 14$ rhwng 3 a 3.5. Darganfyddwch y datrysiad i 1 Ll.D.

Cynigiwch $x = 3$	$3^2 + 3 = 12$	(Canlyniad rhy fach)
Cynigiwch $x = 3.5$	$3.5^2 + 3.5 = 15.75$	(Canlyniad rhy fawr)

← (2 ganlyniad croes)

Y canlyniad sydd ei angen yw 14, sydd yn nes at 15.75 nag at 12, felly dewiswch werth arall x sy'n agosach at 3.5 nag at 3.

Cynigiwch $x = 3.3$	$3.3^2 + 3.3 = 14.19$	(Canlyniad rhy fawr)

Mae'r canlyniad bron yn iawn, ond rhaid gweld a yw 3.2 yn rhoi canlyniad rhy fawr neu rhy fach:

Cynigiwch $x = 3.2$	$3.2^2 + 3.2 = 13.44$	(Canlyniad rhy fach)

Nawr gwyddom fod yn **rhaid i werth cywir x fod rhwng 3.2 a 3.3**. Er mwyn darganfod pa un o'r rhain yw'r agosaf, rhaid cynnig yr **UNION WERTH CANOL**: 3.25

Cynigiwch $x = 3.25$	$3.25^2 + 3.25 = 13.81$	(Canlyniad rhy fach)

Mae hyn yn dangos bod y datrysiad (sef gwerth cywir x) rhwng 3.25 (rhy fach) a 3.3 (rhy fawr), ac felly i 1 Ll.D. **rhaid talgrynnu i fyny i 3.3. ATEB = 3.3**

Y Prawf Hollbwysig

"DYSGWCH BOPETH SYDD AR Y TUDALEN" – os nad ydych **yn mynd i gofio hyn**, yna roedd yn wastraff amser darllen y tudalen.

Er mwyn meistroli'r dull hwn, rhaid i chi **DDYSGU**'r 4 cam uchod. Gwnewch hynny'n awr, a dal ati i ymarfer nes gallwch eu **hysgrifennu heb orfod troi yn ôl at y nodiadau**. Nid yw mor anodd ag y mae'n ymddangos.

1) Mae datrysiad yr hafaliad $x^2 - 2x = 1$ rhwng 2 a 3. Darganfyddwch hwn i 1 Ll.D.

Fformwlâu Iteru

Dyma ffordd arall o ddatrys hafaliadau mwy astrus, hafaliadau cwadratig yn arbennig. Mae'n llawer haws nag y mae'n ymddangos ar yr olwg gyntaf.

Sut mae cael y fformwlâu?

Cawn y fformwla iteru trwy ad-drefnu hafaliad cwadratig (neu hafaliad arall):

E.e. $\quad x^2 - 3x - 12 = 0 \quad \Rightarrow \quad x^2 = 3x + 12 \quad \Rightarrow \quad x = \sqrt{3x + 12}$

ac yna galw'r x sydd ar un ochr yn x_{n+1}, a'r x sydd ar yr ochr arall yn x_n: $\quad x_{n+1} = \sqrt{3x_n + 12}$

Y Dull Hawdd

Gynted ag y mae fformwla iteru gennych (ac fel arfer caiff un ei rhoi i chi yn yr arholiad), yna dilynwch y camau:

1) Dewiswch werth cychwynnol (x_1) e.e. $x_1 = 3$
2) Rhowch y gwerth hwn yn y fformwla iteru fel x_n, ac yna darganfyddwch x_{n+1} (h.y. x_2)
3) Yna rhowch y gwerth newydd hwn eto fel x_n, a darganfyddwch x_3
4) Ailadroddwch y broses hon, gan roi pob gwerth newydd yn y fformwla.

Dylech weld nad yw'r atebion yn newid rhyw lawer. Os ydynt, rydych yn debygol o fod yn anghywir.

Enghraifft: Defnyddiwch $x_{n+1} = \sqrt{3x_n + 12}$ i ddarganfod datrysiad $x^2 - 3x - 12 = 0$ sydd tua 5.

Ateb: Boed $x_1 = 5$:
$$x_2 = \sqrt{3 \times 5 + 12} \qquad = \sqrt{27} \qquad = 5.1961524$$
$$x_3 = \sqrt{3 \times 5.196154 + 12} \quad = \sqrt{27.588457} \quad = 5.2524715$$
$$x_4 = \sqrt{3 \times 5.2524715 + 12} \quad = \sqrt{27.7574146} = 5.2685306$$
$$x_5 = \sqrt{3 \times 5.2685306 + 12} \quad = \sqrt{27.805592} \quad = 5.2731009$$
$$x_6 = \sqrt{3 \times 5.2731008 + 12} \quad = \sqrt{27.819302} \quad = 5.2744007$$

Gallwn ddweud **â pheth sicrwydd** mai'r datrysiad yw **5.3 i 1 Ll.D.** Fodd bynnag nid yw'n glir a fyddai yn 5.27 ynteu yn 5.28 i 2 L.D. Byddai angen rhagor o iteriadau i ddarganfod hyn. Serch hynny, mae'r dull yn hawdd, dim ond i chi weithio'n ofalus.

Dilyniannau Cydgyfeiriol a Dargyferiol

1) Gallwch wneud llawer o fformwlâu iteru o unrhyw hafaliad a roddir.
2) Mae rhai yn gweithio'n dda ond nid felly eraill.
3) **Mae fformwlâu iteru da yn CYDGYFEIRIO'n gyflym** – h.y. mae gwerthoedd dilynol x_n yn cydgyfeirio i un gwerth, a fydd yn **ddatrysiad yr hafaliad gwreiddiol**.
4) Mae fformwlâu iteru eraill yn DARGYFEIRIO – h.y. bydd gwerthoedd dilynol x_n yn mynd allan o reolaeth. Nid yw'r rhain yn gyffredin mewn cwestiynau arholiad gan na allwch gael datrysiad ohonynt.

Y Prawf Hollbwysig

DYSGWCH: **Sut i lunio Fformwlâu Iteru, sut i'w datrys**, a beth yw ystyr **Cydgyfeirio a Dargyfeirio** yn y cyd-destun hwn. Yna **cuddiwch y tudalen ac ysgrifennwch hyn**.

1) Defnyddiwch $x_{n+1} = \sqrt{8x_n - 6}$ i gael datrysiad $x^2 - 8x + 6 = 0$ sy'n agos i 7 i 1 Ll.D.
2) Defnyddiwch $x_{n+1} = 6 - \dfrac{5}{x_n + 1}$ i gael datrysiad $x^2 - 5x - 1 = 0$ sy'n agos i 5 i 1 Ll.D.

Hafaliadau Cydamserol

Mae datrys hafaliadau cydamserol yn tueddu i ddilyn patrwm safonol, ac mae'r rheolau yn syml. Ond **rhaid i chi ddilyn yr HOLL gamau yn y drefn gywir a'u defnyddio fel dull safonol.** Mae pob cam yn hanfodol.

Y Chwe Cham ar gyfer Hafaliadau Cydamserol

Dyma enghraifft sy'n defnyddio'r ddau hafaliad canlynol: $2x = 6 - 4y$ a $-3 - 3y = 4x$

1) AD-DREFNWCH Y DDAU HAFALIAD YN Y FFURF: $ax + by = c$
lle mae a, b, c yn rhifau (gallent fod yn negatif).
LABELWCH Y DDAU HAFALIAD hefyd — ① a — ②

$$2x + 4y = 6 \qquad — ①$$
$$-4x - 3y = 3 \qquad — ②$$

2) Mae angen trefnu bod cyfernodau x (neu y) yr un fath **YN Y DDAU HAFALIAD.** I wneud hyn efallai bydd raid i chi **LUOSI** un neu ddau o'r hafaliadau â rhif (rhifau) addas. Yna dylech eu **HAIL-LABELU:** — ③ a — ④

$① \times 2$: $\qquad 4x + 8y = 12 \qquad — ③$
$\qquad\qquad -4x - 3y = 3 \qquad — ④$

3) ADIO NEU DYNNU'R DDAU HAFALIAD i gael gwared o'r termau â'r un cyfernod.
Os yw'r **cyfernodau yr UN FATH** (y ddau yn bositif neu'r ddau yn negatif) yna **TYNNU**
Os yw'r **cyfernodau yn DDIRGROES** (un yn bositif a'r llall yn negatif) yna **ADIO**

$③ + ④ \qquad 0x + 5y = 15$

4) DATRYS YR HAFALIAD i gael gwerth y llythyren sydd ar ôl ynddo.

$$5y = 15 \qquad \Rightarrow \qquad y = 3$$

5) RHOI'R GWERTH HWN yn Hafaliad ① a'i ddatrys i gael gwerth y llythyren arall.

Rhowch werth y yn ①: $\quad 2x + 4 \times 3 = 6 \quad \Rightarrow \quad 2x + 12 = 6 \quad \Rightarrow \quad 2x = -6 \quad \Rightarrow \quad x = -3$

6) Yna **AMNEWID Y DDWY LYTHYREN AM EU GWERTHOEDD YN HAFALIAD** ② i wneud yn siŵr eu bod yn werthoedd cywir. Os nad ydynt, rydych wedi gwneud camgymeriad a bydd raid i chi ddechrau eto!

Rhowch werthoedd x ac y yn ②: $\quad -4 \times -3 - 3 \times 3 = 12 - 9 = 3$ sy'n gywir,
felly mae wedi gweithio.

Felly, y datrysiad yw: $\quad x = -3, \qquad y = 3$

Y Prawf Hollbwysig

DYSGWCH y 6 Cham at gyfer datrys Hafaliadau Cydamserol.

1) Cofiwch, dim ond pan fyddwch yn gallu eu hysgrifennu oddi ar eich cof y byddwch wedi eu dysgu'n iawn, felly cuddiwch y tudalen a rhowch gynnig arni.
2) Yna defnyddiwch y 6 cham i ddarganfod F a G o wybod bod
$$2F - 10 = 4G \qquad a \qquad 3G = 4F - 15$$

Twf a Dadfeiliad Cyfansawdd

Gelwir hyn hefyd yn Dwf "Esbonyddol" neu Ddadfeiliad "Esbonyddol"

Y Fformwla

Mae'r pwnc yn syml os **DYSGWCH Y FFORMWLA HON**.

$$N = N_0(1 + {}^r/_{100})^n$$

Maint presennol   Maint cychwynnol   Newid Canrannol y dydd/awr/blwyddyn   Nifer y dyddiau/oriau/blynyddoedd

Cynnydd a Lleihad y Cant

Efallai bod $(1 + {}^r/_{100})$ yn edrych yn gymhleth yn y fformwla, ond yn ymarferol mae'n hawdd.
E.e.   Cynnydd o 5% fydd 1.05   Lleihad o 5% fydd 0.95   (= 1 – 0.05)
Cynnydd o 26% fydd 1.26   Lleihad o 26% fydd 0.74   (= 1 – 0.26)

3 Enghraifft i ddangos pa mor HAWDD yw'r gwaith

1) "Mae dyn yn buddsoddi £1000 mewn cyfrif cynilo sy'n talu 8% y flwyddyn. Faint fydd ganddo ar ôl 6 mlynedd?"

ATEB: Fformwla arferol (fel uchod):   Cyfanswm = $1000(1.08)^6$ = **£1586.87**

Swm cychwynnol   Cynnydd 8%   6 mlynedd

2) "Mae actifedd isotop ymbelydrol yn gostwng 12% bob awr. Os yr actifedd cychwynnol yw 800 rhifiad y funud, beth fydd yr actifedd ar ôl 7 awr?"

ATEB: Yr un fformwla arferol:

Actifedd = gwerth cychwynnol $\times (1 - 12/100)^n$

Actifedd = $800(1 - 0.12)^7 = 800 \times (0.88)^7$ = **327 rh.y.f.**

3) "Mewn sampl o facteria, mae 500 cell i ddechrau ac mae'r rhain yn cynyddu o ran nifer yn ôl 15% y dydd. Darganfyddwch fformwla sy'n cysylltu nifer y celloedd, n, a nifer y dyddiau, d."

ATEB: Y fformwla cynnydd cyfansawdd eto:

$n = n_0(1 + 0.15)^d$ sy'n rhoi: $\mathbf{n = 500 \times (1.15)^d}$

Y Prawf Hollbwysig

> **DYSGWCH Y FFORMWLA.** Dysgwch y **3 Enghraifft**. yn ogystal. Yna **cuddiwch y tudalen ac ysgrifennwch y cyfan**.

1) Mae haid o bryfed pric yn cynyddu 4% yr wythnos. Ar y dechrau roedd 30 ohonynt. Faint fydd yna ar ôl 12 wythnos?

2) Mae buanedd pêl dennis sy'n rholio ar lawr llyfn yn lleihau 16% bob eiliad. Os 5 m/s oedd y buanedd cychwynnol, darganfyddwch y buanedd ar ôl 20 eiliad. Faint o amser mae'r bêl yn ei gymryd i stopio?

68

Amrywiad

Mae hyn yn ymwneud â chwestiynau arholiad sy'n cynnwys gosodiadau fel y rhain:

"Mae y mewn cyfrannedd â sgwâr x" "Mae t yn gyfrannol ag ail isradd h"

"Mae D yn amrywio â chiwb t" "Mae V mewn cyfrannedd wrthdro ag r wedi ei giwbio"

Er mwyn delio â phethau fel hyn yn llwyddiannus **mae'n rhaid i chi gofio'r dull hwn**:

Dull

1) **Trawsnewidiwch y frawddeg i gyfeirio at gyfrannedd** gan ddefnyddio'r symbol "$\propto$" sy'n golygu "**mewn cyfrannedd â** "

2) **Newidiwch "$\propto$" am "$=k$"** er mwyn ffurfio HAFALIAD:

Byddai'r enghreifftiau uchod fel a ganlyn:	Cyfrannedd	Hafaliad
"Mae y mewn cyfrannedd â sgwâr x"	$y \propto x^2$	$y = kx^2$
"Mae t yn gyfrannol ag ail isradd h"	$t \propto \sqrt{h}$	$t = k\sqrt{h}$
"Mae D yn amrywio â chiwb t"	$D \propto t^3$	$D = kt^3$
"Mae V mewn cyfrannedd wrthdro ag r wedi ei giwbio"	$V \propto 1/r^3$	$V = k/r^3$

(Unwaith y bydd gennych hafaliad yn cynnwys k, **mae'r gweddill yn hawdd**)

3) **Darganfyddwch BÂR O WERTHOEDD** x ac y rywle yn y cwestiwn, ac **AMNEWIDIWCH nhw yn yr hafaliad** gyda'r bwriad o ddarganfod k.

4) **Rhowch werth k yn ôl yn yr hafaliad** a nawr mae'n barod i'w ddefnyddio. e.e. $y = 3x^2$

5) **YN SICR, bydd gofyn i chi ddarganfod y**, ar ôl rhoi gwerth x i chi (neu i'r gwrthwyneb).

Enghraifft:

Mae'r amser mae'n ei gymryd i aderyn syrthio i lawr simnai mewn cyfrannedd wrthdro â sgwâr diamedr y corn. Os yw'r aderyn yn cymryd 25 eiliad i ddisgyn i lawr simnai o ddiamedr 0.3m, faint o amser fyddai'n ei gymryd iddo syrthio i lawr simnai o ddiamedr 0.2m?

(Sylwch nad yw'r cwestiwn yn crybwyll "ysgrifennu hafaliad" neu "ddarganfod k" – Mae'r cwbl yn dibynnu ar y ffaith eich bod **CHI'n** cofio'r dull)

ATEB:

1) Ysgrifennwch hwn fel **cyfrannedd**, yna fel **hafaliad**: $t \propto 1/d^2$ h.y. $t = k/d^2$
2) **Rhowch y gwerthoedd i mewn** ar gyfer y ddau newidyn: $25 = k/0.3^2$
3) Ad-drefnwch yr hafaliad **er mwyn darganfod k**: $k = 25 \times 0.3^2 = 2.25$
4) Rhowch k **yn ôl** yn y fformwla: $t = 2.25/d^2$
5) **Rhowch y gwerth newydd i mewn** ar gyfer d: $t = 2.25/0.2^2 = $ **56.25 eiliad**

Y Prawf Hollbwysig

> DYSGWCH BUM CAM y DULL, yn ogystal â'r **pedair enghraifft**. Yna cuddiwch y tudalen ac ysgrifennwch hyn.

1) Mae amledd pendil mewn cyfrannedd wrthdro ag ail isradd ei hyd. Os yw'r pendil yn symud ag amledd o 0.5 Hz pan yw ei hyd yn 80cm, beth fydd ei amledd pan fydd ei hyd yn 50cm, a pha hyd fydd yn rhoi amledd o 0.7Hz?

Crynodeb Adolygu Adran 6

Efallai fod y cwestiynau hyn yn ymddangos yn anodd, **ond dyma'r math gorau o adolygu allwch chi ei wneud**. Holl bwrpas adolygu yw **darganfod y pethau nad ydych yn eu gwybod** ac yna eu dysgu **nes byddwch yn eu gwybod**. Mae'r cwestiynau anodd hyn yn dangos faint rydych chi'n ei wybod. Maent yn dilyn trefn y tudalennau yn Adran 6, felly mae'n ddigon hawdd i chi wirio unrhyw beth nad ydych yn ei wybod.

Daliwch ati i ddysgu'r ffeithiau sylfaenol hyn nes byddwch yn eu gwybod.

1) Beth yw'r 2 reol ar gyfer rhifau negatif? Pryd y dylid defnyddio'r ddwy?
2) Rhestrwch 4 cyfuniad o lythrennau sy'n peri dryswch yn rheolaidd mewn algebra.
3) Beth yw ystyr "Gwahaniaeth rhwng Dau Sgwâr"?
4) Beth yw "termau"? Beth yw'r ddwy reol sy'n gysylltiedig â nhw?
5) Disgrifiwch y camau ar gyfer symleiddio mynegiad sy'n cynnwys nifer o dermau.
6) Beth yw'r dull o luosi cromfachau megis $3(2x + 4)$?
7) Beth yw'r dull o luosi parau o gromfachau? Beth am gromfachau wedi'u sgwario?
8) Beth yw'r tri cham ar gyfer ffactorio mynegiadau megis $12x^2y^3z + 15x^3yz^2$?
9) Disgrifiwch yn fanwl y tair techneg o drin ffracsiynau algebraidd, gan roi enghreifftiau.
10) Pa un yw'r hawsaf a pha un yw'r anoddaf? Pam y mae'n anodd?
11) Rhowch y 6 cham ar gyfer datrys hafaliadau neu ad-drefnu fformwlâu.
12) Beth yw ystyr y pedwar (neu'n wir y ddau) symbol anhafaledd?
13) Beth yw'r ddwy reol ar gyfer trin algebra sy'n ymwneud ag anhafaleddau?
14) Disgrifiwch yn fanwl dair enghraifft bwysig o hyn.
15) Rhestrwch dair nodwedd cyfrannedd union a chyfrannedd wrthdro.
16) Beth yw'r gwahaniaeth rhwng cyfrannedd wrthdro a chyfrannedd sgwâr gwrthdro?
17) Beth sydd yn rhaid i chi ei wneud wrth "ffactorio hafaliad cwadratig"?
18) Beth yw 5 manylyn pwysig y dull o ffactorio hafaliadau cwadratig?
19) Wrth ffactorio hafaliad cwadratig, beth yw'r gwahaniaeth os nad yw "a" yn 1?
20) Sut y gallwch wirio eich ateb?
21) Sut yn union mae cael datrysiad hafaliad cwadratig ar ôl ffactorio?
22) Ysgrifennwch y fformwla ar gyfer datrys hafaliadau cwadratig.
23) Beth yw'r cliw gewch chi ar gyfer ei defnyddio?
24) Beth yw'r tri phrif anhawster wrth weithio gyda fformwla hafaliad cwadratig?
25) Beth yw'r pedwar prif gam ar gyfer troi hafaliad cwadratig yn "sgwâr" cyflawn?
26) Beth yw'r tri cham nesaf wrth ddatrys hafaliad yn y ffurf hon?
27) Rhestrwch y 4 cam ar gyfer datrys hafaliad drwy'r dull cynnig a chynnig.
28) O ble daw fformwlâu iteru?
29) A yw fformwlâu iteru yn anodd? Neu a ydynt yn edrych yn waeth nag ydynt mewn gwirionedd?
30) Ysgrifennwch 4 cam y dull iteru.
31) Rhowch ystyr cydgyfeirio a dargyfeirio mewn perthynas â fformwla iteru.
32) Beth yw 6 cham y dull o ddatrys hafaliadau cydamserol?
33) Beth yw'r fformwla ar gyfer twf a dadfeiliad cyfansawdd?
34) Rhowch dair enghraifft bwysig i ddangos fod y dull bob amser yr un fath.
35) Pa fath o fynegiadau a geir yn y pwnc "amrywiad"?
36) Beth yw'r pum cam hanfodol wrth ddelio â chwestiynau o'r fath?
37) A yw dysgu a dilyn y pum cam bob tro yn gwneud pethau'n llawer haws?

Atebion

ADRAN 1 – PROFION HOLLBWYSIG

T. 2 Lluosrifau, Ffactorau a Ffactorau Cysefin:

    1) 7,14,21,28,35,42,49,56,63,70;   9,18,27,36,45,54,63,72,81,90 Lluosrif Cyffredin Lleiaf (Ll.C.Ll) = 63

    2) 1,2,3,4,6,9,12,18,36;   1,2,3,4,6,7,12,14,21,28,42,84 Ffactor Cyffredin Mwyaf (Ff.C.M) = 12

    3) a) $990 = 2 \times 3 \times 3 \times 5 \times 11$ **b)** $160 = 2 \times 2 \times 2 \times 2 \times 2 \times 5$

T. 3 Mathau o Rifau:

    1) a) n^2, n^3, $\frac{1}{2}n(n+1)$ **2) a)** 101, 103, 107, 109 **b)** dim **c)** 503, 509

T. 4 Darganfod yr nfed Term: **1) a)** $3n+1$ **b)** $5n-2$ **c)** $\frac{1}{2}n(n+1)$ **ch)** n^2-2n+4

T. 5 Rhifau Cymarebol ac Anghymarebol:

    1) Cymarebol: $25^{1/2}$, $27^{1/3}$, $\sqrt{6\frac{1}{4}}$, $(\frac{1}{5}\sqrt{5})^2$. Y gweddill yn anghymarebol.

    2) $\sqrt{901}, \sqrt{902}, \sqrt{903}, ...\sqrt{1599}$ ac eithrio israddau sgwariau perffaith: $\sqrt{961}, \sqrt{1024}, \sqrt{1089}, ... \sqrt{1251}$

T. 6 Ffracsiynau: **1) a)** $\frac{3}{8}$ **b)** $\frac{27}{10} = 2\frac{7}{10}$ **c)** $\frac{11}{15}$ **ch)** $x = 13$, **d)** $y = 1$

        2) a) $\frac{8}{15}$ **b)** $\frac{8}{3} = 2\frac{2}{3}$ **c)** $\frac{7}{24}$ **ch)** $\frac{3}{7}$ **d)** $\frac{3}{4}$ **dd)** $\frac{112}{15} = 7\frac{7}{15}$ **e)** $2\frac{4}{11}$

T. 7 Degolion Cylchol a Syrdiau: **1)** $\frac{1}{7}$ **2)** $4\sqrt{2}$

T. 8 Canrannau:

    1) 40% **2)** £20,500 **3)** 1.39%

T. 11 Botymau Cyfrifiannell: Cw1) a 2) – Gweler tt. 9–11 **3a)** [6] [x^y] [8] [=] **b)** [6] [EXP] [8]

  c) [50] [x^y] [4] [$a^{b/c}$] [5] [+/–] [=] neu [50] [x^y] [0.8] [+/–] [=]

  ch) [4] [$a^{b/c}$] [3] [$a^{b/c}$] [5] [x^y] [1] [$a^{b/c}$] [.6] [=] neu [4.6] [$x^{1/y}$] [6] [=]

  4) [[(---] [23.3] [+] [35.8] [---)]] [÷] [[(---] [36] [+] [26.5] [---)]] [=]

  5) a) [$3.4^{0.8}$] **b)** Gweler t. 10   **6) a)** 4 awr 34 munud (12 eiliad) **b)** 5.5397awr

T. 12 Ffactorau Trawsnewid: **1)** 2,300m **2)** £34 **3)** 3.2cm

T. 13 Unedau Metrig ac Imperial:

        1) 15.75 litr **2)** 200 neu 220 llath **3)** 115cm **4)** 62.9c y litr **5)** 104 km/awr

T. 14 Manwl gywirdeb ac Amcangyfrif: **1) a)** 34.6g **b)** 134 m.y.a. **c)** 850g **ch)** 76cm neu 76.2cm, yn

                                 dibynnu pa mor fanwl gywir rydych am fod!

                    2) a) Tua 600 milltir $\times$ 150 milltir = 90,000 milltir sgwâr

                         b) Tua 7cm $\times$ 7cm $\times$ 12cm = 590cm^3

T. 15 Gwerthoedd wedi eu Talgrynnu: 1) ATEB: $= (4.22472 - 4.1556) \div 4.22472 = 0.01637 = 1.64\%$

ADRAN 2 – PROFION HOLLBWYSIG

T. 17 Polygonau Rheolaidd: **1)** 72°, 108° **2)** 30°, 150° **3)** 15 ochr

                4) Pentagon, yr holl onglau yn 36°, 72° neu 108° Octagon fel hwn:

T. 18 Arwynebedd: 1) a) 27.5cm **b)** 35.0cm^2

T. 19 Cyfaint: **1) a)** Prism trapesoidaidd, C = 148.5cm^3 **b)** Silindr, C = 0.70m^3 **c)** Côn, 20.3m^3

        2) 33.5cm^3, 179.6cm^3

T. 20 Hyd, Arwynebedd a Chyfaint: **1) a)** Arwynebedd, **b)** cyfaint, **c)** hyd   **2) a)**   **b)**

                             3) 364cm^3

T. 23 Geometreg: 1) 68° a 44°, neu'r ddwy yn 56° **2)** $x = 66°$

                 3) 360° **4)** 540°

T. 25 Geometreg y Cylch:

           1) BCD = 90°, CBO = 42°, OBE = 48°,

               BOE = 84°, OEF = 90°, AEB = 42°

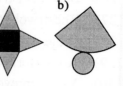

T. 27 Cyflunedd a Helaethiad: **1)** A'(-3, -1.5), B'(-7.5, -3), C'(-6, -6) **2)** 64m^2

T. 28 Trawsffurfiadau:

        A → B, Cylchdro 90° clocwedd o amgylch y tardd. B → C, Adlewyrchiad yn y llinell $y = x$.

                    C → A, Adlewyrchiad yn yr echelin y.   A → D, Trawsfudiad $\begin{pmatrix} -9 \\ -7 \end{pmatrix}$

T. 30 Matricsau a Thrawsffurfiadau: **1)** Trawsfudiadau sy'n wahanol **2)** Astudiwch t. 30 eto!

T. 31 Matricsau a Thrawsffurfiadau:

1) $\begin{pmatrix} 0 & -1 \\ 1 & 0 \end{pmatrix}$ = Cylchdro 90° gwrthglocwedd o amgylch (0, 0), $\begin{pmatrix} -1 & 0 \\ 1 & 0 \end{pmatrix}$ = adlewyrchiad yn yr echelin y **2)a)** $\begin{pmatrix} 0 & 1 \\ 1 & 0 \end{pmatrix}$ **b)** $\begin{pmatrix} 2 & 0 \\ 0 & 2 \end{pmatrix}$

Atebion

ADRAN 3 – PROFION HOLLBWYSIG

T. 33 Trionglau Fformwla: 1) $16.5g/cm^3$ 2) $602.7g$ 3) a) b) c)

T. 34 Buanedd, Pellter ac Amser: 1) 1 awr 37 munud 30 eiliad 2) $1.89km = 1890m$

T. 35 Graffiau P/A a Graffiau C/A:
1) $0.5km/awr$ 2) Cyflymiadau $6m/s^2$ $2m/s^2$ $-8m/s^2$ (arafiad), Buaneddau: $30m/s$ $50m/s$

T. 37 Ffurf Indecs Safonol:
1) 8.54×10^5; 1.8×10^{-4} 2) 0.00456; $270,000$ 3)a) 2×10^{11} b) 1×10^8 4) 6.5×10^{102}

T. 38 Pwerau ac Israddau: 1) a) 3^8 b) 4 c) 8^{12} ch) 1 d) 7^6 2) a) 64 b) 1/625
c) 1/5 ch) 2 d) 125 dd) 1/25 3) a) 1.53×10^{17} b) 15.9 c) 2.89

T. 39 Theorem Pythagoras a Chyfeiriannau: 1) $BC = 8m$ 2) $298°$ 3) $118°$

T. 41 Trigonometreg: 1) $x = 26.5m$ 2) $23.6°$ 3) $36.2°$ (y ddwy)

T. 43 Rheolau Sin a Cosin: 2) $17.13m$, $68.8°$, $41.2°$

T. 45 Onglau o Unrhyw Faint: 1) a) $x = -330°, -210°, 30°, 150°, 390°, 510°$
b) $X = -228°, -132°, 132°, 228°, 492°, 588°$ c) $-315°, -135°, 45°, 225°, 405°, 585°$

T. 46 Fectorau: a) $-\underline{m} - \underline{b}$ b) $\frac{1}{2}\underline{b} - \frac{1}{2}\underline{a} + \underline{m}$ $(=\frac{1}{2}\overrightarrow{AC})$ c) $\frac{1}{2}(\underline{a} - \underline{b}) + \underline{m}$ ch) $\frac{1}{2}(\underline{b} - \underline{a})$

T. 47 Fectorau "Bywyd bob Dydd":

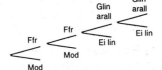

ADRAN 4 – PROFION HOLLBWYSIG

T. 49 Cymedr, Canolrif, Modd ac Amrediad:
Yn gyntaf: -14, -12, -5, -5, 0, 1, 3, 6, 7, 8, 10, 14, 18, 23, 25 Cymedr = 5.27, Canolrif = 6, Modd = -5, Amrediad = 39

T. 51 Tebygolrwydd:

$$1) \quad \frac{2}{7} \times \frac{1}{6} \times \frac{5}{6} \times \frac{4}{5} = \frac{40}{1260} = \frac{2}{63}$$

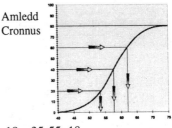

T. 53 Tablau Amledd:

Nifer y Teleffonau	0	1	2	3	4	5	6	CYFANSWM
Amledd	1	25	53	34	22	5	1	141
Nifer × Amledd	0	25	106	102	88	25	6	352

Cymedr = 2.5, Canolrif = 2, Modd = 2, Amrediad = 6

T. 54 Tablau Amledd Grŵp:

Hyd (cm)	15.5 –	16.5 –	17.5 –	18.8 – 19.5	CYFANSWM
Amledd	12	18	23	8	61
Gwerth Canol Cyfwng	16	17	18	19	–
Aml × GCC	192	306	414	152	1064

Cymedr = 17.4, Grŵp Moddol = 17.5 – 18.5, Canolrif ≈ 17.5

T. 55 Amledd Cronnus:

Pwysau (kg)	41 – 45	46 – 50	51 – 55	56 – 60	61 – 65	66 – 70	71 – 75
Amledd	2	7	17	25	19	8	2
Aml. Cronnus	2	9	26	51	70	78	80

Canolrif = 58kg, Chwartel Isaf = 53kg
Chwartel Uchaf = 62kg, Amrediad Rhyngchwartel = 9kg

Amledd Cronnus

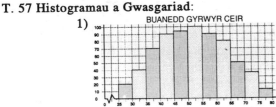

Pwysau (kg)

T. 56 Graffiau Gwasgariad a Histogramau:
1) 0-5: 9, 5-10; 27, 10-15: 45, 15-20: 54, 20-25: 36, 25-35: 18, 35-55: 18,
55-65: 36, 65-80: 189, 80-90: 144, 90-100: 18

T. 57 Histogramau a Gwasgariad:
1) 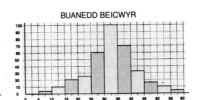 2)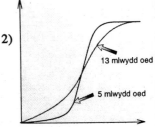

T. 58 Dulliau Samplu: 1) Sampl yn rhy fach, nid yw traffyrdd yn gynrychioliadol o deithiau modurwyr, y samplu'n cael ei wneud ar un adeg yn unig o'r dydd ac yn yr un man, nid yw'n hawdd cael oedrannau ceir o lythrennau cofrestru. Techneg well: gwneud arolwg mwy manwl yn ymgorffori'r sylwadau uchod – byddai gwneud arolwg o bobl yn dod allan o'r Swyddfeydd Post amrywiol â disgiau treth newydd yn dda. Byddai samplu haenedig neu samplu cwota yn hanfodol wrth ddewis y Swyddfeydd Post.

T. 59 Gwyriad Safonol: 1) cymedr = 4, "s" = 12.5

Atebion

ADRAN 5 – PROFION HOLLBWYSIG

T. 62 Plotio Graffiau Llinell Syth:

1)

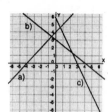

T.63 Graffiau Llinell Syth: "$y = mx + c$"

1)

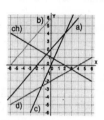 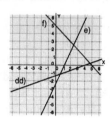

T. 65 Rhaglennu Llinol

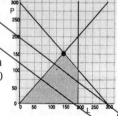

Mae'r pwynt optimwm i'w weld – h.y. L = 150 a P = 150 sy'n rhoi incwm o £750

T. 66 Cwestiynau Nodweddiadol ar Graffiau:

x	-2	-1	0	1	2	3	4	5	6
y	15	8	3	0	-1	0	3	8	15

3) $y = 3.8$, $x = -1.6$ neu 5.6

T. 67 Datrys Hafaliadau gan ddefnyddio Graffiau:

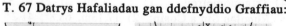

Datrysiadau yw: $x = -2$ neu $x = 1.5$

T. 68 Tangiadau a Graddiant: 1) Graddiant = 60 litr yr eiliad

T. 69 Ystyr Arwynebedd a Graddiant: 1) Y tanwydd a ddefnyddiwyd mewn "milltiroedd y galwyn"
   2) Cyfanswm y babanod a anwyd **3)** Arwynebedd = $10(1/2(50+58) + 70 + 55 + 63)$ = **2420 uned**

T. 70 Pedwar Graff y Dylech eu Hadnabod: 1)a) x^2 siâp bwced **b)** $-x^3$ tro dwbl (yn dod i lawr o'r top ar y chwith)
   c) graff cyfrannedd wrthdro +if **ch)** Llinell syth (graddiant –if) **d)** Graff cyfrannedd wrthdro –if
   dd) $+x^3$ tro dwbl (yn dod i fyny o'r gwaelod ar y chwith) **e)** $-x^2$ bwced â'i ben i lawr

T. 71 Graffiau – Darganfod eu Hafaliadau: P = 50, Q = 1.41

T. 73 Graffiau – Symudiadau ac Ymestyniadau:

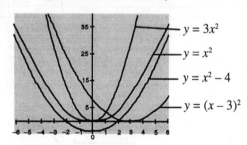

$y = 3x^2$
$y = x^2$
$y = x^2 - 4$
$y = (x - 3)^2$

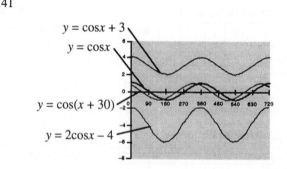

$y = \cos x + 3$
$y = \cos x$
$y = \cos(x + 30)$
$y = 2\cos x - 4$

ADRAN 6 – PROFION HOLLBWYSIG

T. 75 Amrywiol: 1)a) +12 (Rheol 1) **b)** -6 (Rheol 2) **c)** x (Rheol 2, yna Rheol 1) **ch)** -3 (Rheol 1)
   2a) +18 (Rheol 1) **b)** -216 (Rheol 1) **c)** 2 (Rheol 2) **ch)** -27 (Rheol 1) **d)** -336 (Rheol 1 yna Rheol 2)
   3a) $(x - 4y)(x + 4y)$ **b)** $(7 - 9pq)(7 + 9pq)$ **c)** $3(2yx^3 - 4k^2m^4)(2yx^3 + 4k^2m^4)$

T. 77 Algebra Sylfaenol:
   1) $4x + y - 4$ **2)** $6p^2q - 8pq^3$ **3)** $8g^2 + 16g - 10$ **4)** $7xy^2(2xy + 3 - 5x^2y^2)$ **5)** $c^4/6d^3$ **6)** $\dfrac{2(17g - 6)}{5(3g - 4)}$

T. 78 Datrys Hafaliadau: **1)a)** $x = 2$ **b)** $x = -0.2$ neu -1/5

T. 79 Ad-drefnu Fformwlâu: **1)** $C = 5(F - 32)/9$ **2)a)** $p = 4y/3$ **3)** $p = rq/(r + q)$

T. 80 Anhafaleddau: 1) $-2 \leqslant x$ **2)a)** -6, -5, -4, -3, -2, -1, 0, 1, 2, 3, 4, 5, 6 **b)** -4, -3, -2, -1, 0, 1, 2, 3, 4

T. 81 Cyfrannedd Union a Chyfrannedd Wrthdro   **1) a)** Cost cyfanswm yn erbyn nifer y tuniau o Gawl Pupur Poeth Anti Beti
   b) Nifer y bobl sy'n gwneud gwaith yn erbyn yr amser a gymerir i'w gwblhau.

T. 83 Ffactorio Cwadratig: 1)a) $x = 3$ neu -8 **b)** $x = 7$ neu -1 **c)** $x = 1$ neu -7 **ch)** $x = 4$ neu -3/5

T. 84 Fformwla Hafaliad Cwadratig: 1)a) $x = 0.39$ neu -10.39 **b)** $x = 1.46$ neu -0.46 **c)** $x = 0.44$ neu -3.44

T. 85 Cwblhau'r Sgwâr: 2a) $x = 0.39$ neu -10.39 **b)** $x = 1.46$ neu -0.46 **c)** $x = 0.44$ neu -3.44

T. 86 Cynnig a Chynnig: 1) $x = 2.4$

T. 87 Fformwlâu Iteru: 1) $x = 7.2$ (saith iteriad) **2)** $x = 5.2$ (pedwar iteriad)

T. 88 Hafaliadau Cydamserol: 2) $F = 3$, $G = -1$

T. 89 Twf a Dadfeiliad Cyfansawdd: 1) 48 pryf pric **2)** 0.15m/s. Am byth

T. 90 Amrywiad: 1)a) 0.632Hz **b)** 40.8cm

Mynegai

96

Mynegai